Der Genius loci überzieht die Stadt

GUTHMANN PETERSON
Buchmacher und Verleger
Berlin – Wien – Mülheim a. d. Ruhr

Ludwig Laher (Hrsg.)

Der Genius loci überzieht die Stadt

f.

Gedruckt mit Unterstützung des Bundesministeriums für Unterricht und Kunst, des Landes und der Stadt Salzburg.

Die Beiträge zu diesem Buch basieren auf den Referaten eines Symposiums, das im November 1991 im Literaturhaus Eizenbergerhof in Salzburg von der Salzburger Autorengruppe veranstaltet wurde.

Die Deutsche Bibliothek – CIP Einheitsaufnahme

Der Genius loci überzieht die Stadt : Beiträge zum Symposium der Salzburger Autorengruppe / hrsg. von Ludwig Laher. – Berlin ; Wien ; Mülheim a.d. Ruhr : Guthmann–Peterson, 1992 ISBN 3-900782-10-5 NE: Laher, Ludwig [Hrsg.]; Salzburger Autorengruppe

Inhalt

Vorwort

Stimmt schon, Salzburg und Weimar sind mehr als Mozart und Goethe. Und nicht alles, worauf Bezug genommen wird in den Beiträgen dieses Buches, läßt sich unmittelbar auf den Genius loci zurückführen. Der aber überzieht, wie es im Titel heißt, ohne Zweifel die beiden großen Kleinstädte. Irgendwie sind Wolfgang Amadeus und Johann Wolfgang allgegenwärtig.

Freilich, immer stärker treten sie als treibende Kräfte wirtschaftlicher Prosperität in Erscheinung, ihre Namen sind einträgliche Markenartikel. Merkwürdig unberührt davon wie auch von den unterschiedlichen gesellschaftlichen Voraussetzungen, die in diesem Jahrhundert hier wie dort, hier oder dort herrschten, hält sich die Einschätzung, es mit Kulturmetropolen zu tun zu haben, Horten der Tradition, aufgeschlossen für das Neue.

Indes, es gilt auch das Gegenteil. Und so ist viel von der Enge zu lesen, von der Provinzialität, vom schönen Schein, mit dem die produzierende Kunst sich in Salzburg und Weimar über die Jahrzehnte hin auseinanderzusetzen hatte. Dabei ist dieser Sammelband alles andere als eine wehleidige Suada von Nachgeborenen, die glauben, zu kurz gekommen zu sein. Eine Fülle von empirisch gesichertem Material liegt der jeweiligen subjektiven Auseinandersetzung zugrunde. Obwohl das literarische Leben im Mittelpunkt steht, läßt sich doch ein wesentlich umfassenderer Eindruck gewinnen. Das hängt damit zusammen, daß die formalen und inhaltlichen Ansätze der einzelnen Autoren sehr unterschiedlich sind; neben der grimmigen Polemik steht das poetische Eintauchen in die eigene Kindheit am Ort, die Burleske einer Rezeption findet sich neben dem scheinbar ironisch distanzierten Essay, der umso mehr Betroffenheit zu vermitteln imstande ist. Schriftsteller, Literaturwissenschaftler, Verlagsmitarbeiter kommen einander im wahrsten Sinne des Wortes entgegen.

Salzburg und Weimar sind natürlich keine Inseln. Deshalb wird zumindest in Ansätzen auch das Umland einbezogen, nach Wechselwirkungen gefragt. Und schließlich konstituieren die Namen Mozart und Goethe, nicht zuletzt der Umgang mit ihnen, man mag es drehen und wenden, wie man will, österreichische und deutsche Identität mit. Auch dieser Aspekt des Vergleichs ist aufschlußreich und mag jenen Leser, der zu den beiden Städten keine persönliche Beziehung hat, trotzdem zu diesem Buch greifen lassen.

Salzach übertiteln Goethe und Schiller ihren Xenien-Zweizeiler: *Aus Juvaviens Bergen ström' ich, das Erzstift zu salzen,/lenke dann Bayern zu, wo es an Salze gebricht.* Heute hapert es mit dem Salz in der Suppe allenthalben. Dieses Buch will mit seinem breitgefächerten, undogmatischen Ansatz genießbar sein, aber gewürzt.

Der Herausgeber

Bernd Leistner

„Man halte sich ans fortschreitende Leben ..."

Vom deutschen Erbdichter Goethe und seiner bleibenden Stadt

Ich stelle mir vor, Goethe wäre nicht 1832, sondern 1841 gestorben. 92 Jahre alt zu werden, das hätte übrigens gut zu ihm gepaßt; als Mittachtziger hätte er sich ein weiteres Mal gehäutet; er hätte einen dritten „Meister"-Roman hervorgebracht, zu Eckermann einiges bedeutend Abfällige über Büchners „Danton" gesagt, von Friedrich Wilhelm IV. eine Einladung erhalten, nach Berlin umzuziehen, und sie mit untertänigsten Worten abgelehnt. Vor allem aber hätte er sich als Jubelgestalt den Deutschen des Jahres 1991 verfügbar gemacht. Einheitskanzler Kohl würde sich ebenso goethisch vernehmen lassen wie Einheitspräsident von Weizsäcker; über das Vereinigungsdebakel gösse sich Goethesche Weihe; der Segen wäre nicht auszudenken. Womöglich hätte man gar die Hauptstadtfrage anders beantwortet. Man hätte die Idee unwiderstehlich finden müssen, die deutsche Mitte in Weimar zu lokalisieren. Bereits 1932 hat es der damalige deutsche Haupt- und Obergermanist Julius Petersen doch deutlich gesagt: „Im Anblick Goethes kann uns niemand verwehren, uns als *sein* Volk und damit als *ein* Volk zu fühlen." Aber was rede ich nur von deutscher Mitte, als ginge nicht zu wissen, daß heutzutage europäisch gedacht wird; der gesegnete Ort demnach als deutsch-europäische Metropole; Integration Europas von sanften Ilmufern her gesteuert, wo ein schwergewichtiger Goethescher Busenfreund Umarmungen austeilt.

Freilich, es hat nicht sollen sein. Goethe brachte sich weder 1989 noch 1990 noch 1991 nachdrücklich in Erinnerung. So blieb er, weil zu unpaßgerechtem Zeitpunkt gestorben wie geboren, von den neudeutschen Waltern nur in Maßen bedacht; zur Hauptstadt erkor man das seelenlose Berlin; und in Weimar wird der Intercity auch in Zukunft nicht halten. Es wird dann erst im Jahr 1999 geschehen, daß der Staat merkt, wo es wirklich schlägt, sein Herz; für dieses eine Jahr wird der weimarische Bahnhof groß sein; mit deutsch-europäischen Goethereden wird man sich des neuen Jahrtausends bemächtigen. Die Aussicht, immerhin, hat etwas Tröstliches und Erbauliches – und Weimar wird sich denn auch poppig zurechtgeputzt haben bis zum großen Ereignis.

Bis dahin auch wird es endgültig seine uneuropäisch-östliche Vergangenheit bewältigt haben. In acht bis zehn Jahren geht das leicht zu schaffen. Mit der braunen Vergangenheit war man schließlich in noch weitaus kürzerer Zeit zu Rande gekommen. „Man halte sich ans fortschreitende Leben ...", hatte Goethe gesagt; und die Weimarer ließen sich, was Goethe gesagt hatte, gesagt sein. So waren sie· nie die schlechtesten Fortschrittler. Mit dem Ort hatte noch jede Fortschrittsmacht Gehöriges im Sinn; und gehörig betrugen sie sich, die in ihm wohnten. Gehörig, so muß ich nun aber hinzufügen, und eigen zugleich. Denn jedenfalls wußte man stets, wer man war; mit dem Fortschritt hielt man es nicht auf die platte Weise; die sich ihm aufschlossen, schlossen sich ihm im Bewußtsein einer höheren Lokalgeistigkeit auf, die sich nicht einfach vereinnahmen lassen wollte. Daher rührte es übrigens, daß immer auch ein Vorbehalt mitzuschwingen schien. Es gibt die Meinung, da müsse man gar von weimarischem Konservativismus reden: von einem goethe- und residenzstädtischen Lokalkonservativismus, der sich dem Fortschritt stets ein wenig hinderlich erwiesen habe. Ich bin jedoch überzeugt, der Vorwurf trifft nicht. Und wer immer ihn geltend macht, dem muß entgegnet werden, daß er einer Fehldeutung dieser weimarischen Distanz zum Mediokren aufsitzt.

Wirklich tut derjenige dem Ort in argem Maße unrecht, der seiner progressiv-besonderen Impulskraft nachsagt, sie wäre keine. Es war 1895 kein Geringerer als Adolf Bartels, dem als deutsch-literarischem und deutsch-literaturinterpretierendem Antäus just die Stadt Weimar zum Boden wurde; hier, an goethegeweihter Stätte, brachte er seine ausstrahlungsmächtige „Geschichte der deutschen Literatur" (1901/02) hervor; hier gedieh ihm damit jenes Pionier- und Großwerk, das mit beeindruckender Konsequenz die deutsche Literaturgeschichte antisemitisch aufbereitete und in dessen Vorwort es heißt: „Über die entschieden-nationale Haltung dieses Werkes endlich brauche ich hoffentlich kein Wort zu verlieren. Eben weil ich vom Standpunkte der Gegenwart schrieb, mußte ich jede Gelegenheit benutzen, den Stolz auf unser deutsches Volkstum zu stärken und das nationale Gewissen zu schärfen – ist doch vielleicht die Zeit nahe, wo deutsche Natur und Kultur die letzte und schwerste Probe zu bestehen haben wird." Höchst zufrieden mit seinem weimarischen Autor, der solches verfaßt hatte, war nicht zuletzt und namentlich der Großherzog; Wilhelm Ernst schlug 1905 den völkischen Goetheverkünder und Heinevernichter zum Professor.

Man weiß, Adolf Bartels hat lange gelebt. Und als der Führer Adolf Hitler 50 Jahre alt wurde, steuerte der Siebenundsiebzigjährige freudig empfundene Verse bei: „Daß Gott Dich uns gegeben,/Ist unser höchstes Glück ..." Ein halbes Jahr zuvor aber, 1938, hatte Joseph Goebbels jenes Großdeutsche Dichtertreffen nach Weimar einberufen, das fortan alljährlich stattfinden sollte; ein Foto zeigt den weimarisch greisen Erzvölkischen der deutschen Literatur im Gespräch mit dem höchstselbst anwesenden Minister; Josef Weinheber, als neuer Großdeutscher ebenfalls geladen, war übrigens nebst Frau Gemahlin mit von der Partie. Und wie heißt es doch, drei Jahre später, in seiner „Ode an die Straßen Adolf Hitlers"?:

Wie sonst nur wen'ge Werke von Menschenhand,
Der Pyramiden ewiges Mal vielleicht,
Vielleicht die Bauten noch des Alten
Rom, wo die Reste erhaben zeugen

Von einem Willen ehern und herrscherfroh,
Der sich vorauswirft durch die Jahrtausende:
So dieses Werk. An Maßen größer,
Edler als jedes vorher geplante.

Ich denke mir jedenfalls, er wird sich, Weinheber, nicht völlig unwohl gefühlt haben in Weimar.

Das Goethehaus aber blickte wie je, halb behäbig, halb mit hochgezogenen Brauen, auch auf diese Großdeutschen Dichtertreffen, Wochen des Deutschen Buches, Staatsakte etc. herab. Und man mußte weit weg sein, um diesen Blick auf ein Weimar gerichtet zu sehen, in dem sich patriotisches Gewese noch als ein lästig-modisches Affentheater betrachten ließ. Freilich, der Kellner Mager hätte mit untertänigstem Stolz auch, und erst recht, ins „Elephanten"-Zimmer den Führer geleitet – wie er mit dem gleichen Stolz nun um den Erbgroßherzog herumscharwenzeln würde, der neuerdings in Weimar sich umtreibt und mit seiner gnädigen Leutseligkeit alle postsozialistischen Herzen gewinnt. Und die weimarischen Weibsbilder des „Lotte"-Romans, begeisterungsfähig, schwärmend für gutsitzende Uniformen? Dieser Thomas Mannsche Goethe, er hält Weimar aus, mühsam auf Fassung bedacht, auf Selbstrettung: ein Weimar, das ihn jedoch sich zuschlägt und sich mit ihm rüstet für große Zeiten.

Immerhin, aus diesen großen Zeiten hatte Thomas Mann ihn heraus- und ins Exil geholt. Und herausgeholt, allerdings von anderen, wurde 1942 auch aller Goethescher Hausrat. So blieb wirklich nur das blickende Gehäuse – bis noch diesem der Blick verging, als kurz vor Kriegsende ein Bombentreffer einfiel. Schließlich langten die Amerikaner an und verordneten den Weimarern einen Ausflug zum Ettersberg. Dort gab es das Konzentrationslager Buchenwald zu besichtigen. Bevor man freilich so recht auf die US-opportune Bewältigungs- und Fortschrittskurve fand, sah man sich plötzlich in Sowjethänden. Von Buchenwald-Besichtigung war nun vorerst keine Rede mehr; nur solche kamen da noch hin, denen der Rückweg erspart blieb; und im übrigen aber galt Goethe wieder. Diesmal kein völkischer, jedoch auch kein kosmopolitischer, sondern ein antifaschistisch-nationaler Goethe. Die östlichen neuen Freunde empfahlen ihn sehr als bestdeutsche Leitgestalt, geeignet, das Volk, welches sich im Dunkel verloren hatte, ans Licht zu führen; so auch wirkten sie kräftig mit, daß es bald schon mit dem Goethehaus und seinem Blick wieder in Ordnung kam; und die Wiedererrichtung des weimarischen Nationaltheaters, sie war erfreulich beendigt, als auf seiner Bühne der neue deutsche Nationaldichter Johannes R. Becher den nationalen Jubiläumsdichter des Jahres 1949 herbeifeierte. Da sprach er vom „Reich, das Goethe heißt", vom „lebendigen Nationalheiligtum", von: „vorwärts zu Goethe und mit Goethe vorwärts"; und er rief: „Durchdrungen, beseelt von Goethes Geist, kann deutsches Wesen genesen. Genesen an diesem Geist, kann deutsches Wesen wieder mit sich eins werden, auch in seinem politischen und staatlichen Gefüge."

„Vorwärts zu Goethe!" also. Und das meinte, man werde nun, aufbauend eine neue deutsche Gesellschaftswelt, des Dichters „Vermächtnis" erfüllen. Das meinte aber auch, an ihm habe sich die neue deutsche Literatur zu orientieren. Becher, das ist hinreichend bekannt, hatte expressionistisch angefangen. Dann hatte er sich geläutert – wie ein anderer, dem zu Jugendzeiten sehr nach europäischem Modernismus zumute gewesen war, übrigens auch: Georg Lukács. Und der führende Kulturstalinist Shdanow aber brauchte sich nicht erst zu läutern. Sie waren, diese drei, sehr unterschiedlichen Schlags. Eben darin allerdings nahmen sie sich als Brüder aus: in ihrer scharfen Ablehnung einer Moderne, bei der ihnen stets die Wörter „Morast", „Schlamm", „Fäulnis" und „krank" einfielen. Und da ihr Wort sehr viel galt im östlich-deutschen Staate, galt auch allenthalben ihr Hinweis auf die gesunde Klassik. In der genitivgesättigten parteioffiziellen Verlautbarungssprache, ich zitiere hier aus der Entschließung des 5. Plenums der SED von 1951, klang dieser Hinweis so: „Die größte Hilfe für eine künstlerisch gelungene Gestaltung von Gegenwartsthemen ist das Studium der Gestaltung der Probleme ihrer Zeit durch die großen Klassiker. Die Behandlung von Gegenwartsthemen bei Anwendung der Lehren aus diesem Studium – das ist der wichtigste Beitrag der Kunstschaffenden zur Erfüllung des Fünfjahresplanes.“

Freilich, man war nicht eigentlich konsequent. Denn natürlich hätte man sie alle, die literarischen Autoren, in Weimar ansiedeln müssen. Ich stelle mir Brecht vor, täglich zur Goethe-Auslegungsstunde ins Haus am Frauenplan beordert; ich stelle mir Anna Seghers vor, sich wöchentlich dreimal mit Kränklichkeit entschuldigend. Indem man die Ansiedlung aber versäumte, beließ man leichtsinnig etliche Räume für mancherlei Unbotmäßigkeit. In Berlin brachte es Brecht gar fertig, für die Abschaffung der Staatlichen Kunstkommission zu sorgen und damit auch für die Amtsenthebung ihres kategorisch waltenden Leiters. Ich müßte das vielleicht nicht hervorkramen; jedoch um den Enthobenen, er hieß Helmut Holtzhauer, komme ich eh nicht herum; und aus jenem Berlin, in dem er nun gern Kulturminister geworden wäre und aber Johannes R. Becher es wurde, führte sein Weg nämlich eben dorthin, wo er sich an Brecht dann – und über dessen Tod hinaus – mächtig zu rächen vermochte. Als neuer weimarisch-klassischer Direktor hielt er zum Beispiel alle Bibliotheksbestände, die auf Brecht lauteten, wachsam unter Verschluß; zumindest im Goetheschen Weimar durfte der literarische Verderber keine Chance haben; dieses Weimar sollte rein bleiben. Er hat, Holtzhauer, knapp 20 Jahre lang als weimarischer Serenissimus gewaltet, stets im Bewußtsein, für die Geburt des neuen, sozialistischen Menschen aus dem Geiste der Goetheschen Klassik verantwortlich zu sein; sein Weimar offerierte er unermüdlich als „pädagogische Provinz“, als „Universität eigener Art“; und nur bekümmerte ihn, daß Weimar nicht zugleich Berlin war.

In der Tat hatte die Berliner Obrigkeit an der Klassikdoktrin zwar nach wie vor festgehalten, doch mochte man, wie mit ihr umzugehen sei, sich von einem Provinzverweser nicht vorschreiben lassen. Im übrigen drangen einige hochbeamtete Literaturmänner, die einstmals proletarisch-revolutionär zu Werke gegangen waren, auf eine gehörige Hochbewertung vor allem dessen, was ihres eigenen Tuns gewesen. Und nachdem, im Jahre 1956, der stalinistische Boden in bedrohliches Wanken geraten war, nachdem man unter den ungarischen Reformfreunden auch ausgerechnet einen Mann namens Lukács gesichtet hatte und unter den einheimischen einen Mann namens Becher, schlug den Drängenden die rechte Stunde. Da lud man denn die Literatenwelt, die nun ernstlich zu versammeln war, ostentativ ins industriefleißige Bitterfeld. „Greif zur Feder, Kumpel!" hieß eine Parole, eine andere: „Schriftsteller an die Basis!" Der die Grundsatzrede hielt; Walter Ulbricht, mochte freilich als echter Staatsmann das bisherige Wahre gegen ein neues Wahres nicht einfach ausgetauscht sehen. Und die auf den Bitterfelder Weg gewiesenen Schriftsteller und Kumpel forderte er verbindlich zu solcher Gestaltung der revolutionären Basisgeschichten auf, die der dichterischen Vorgehensart der „Klassiker des Bürgertums" sehr verpflichtet bleiben müsse.

Kein Zweifel, das war, was den Anspruch der fortschrittlichen Weimarer betraf, noch immer tröstlich. Und halbwegs tröstlich blieb es zumindest so lange für sie, solange dieser Walter Ulbricht regierte. Gleichwohl verlegte man sich nun auf eine Fortschrittlichkeit, die auch etwas recht Trotziges hatte. Für Holtzhauer und seine Mitstreiter blieb Weimar der geistig-literarische Nabel der Republik; man war lediglich bereit, in Bitterfelds Nähe eine Filiale aufzumachen. Die hieß Bad Lauchstädt; und zu Goethes Zeiten war weimarisches Theater dort gespielt worden. Trotzig aber reagierte man auch insofern, als man auf eigene Faust und durchaus auf außenpolitisch eigene Weise an jenem Nationalgoethe festzuhalten trachtete, den die Berliner Zentrale nach dem Mauerbau stillschweigend verabschiedet hatte. Was indessen die lebenden Dichter betraf, so einigte man sich in Weimar trotzig darauf, sie nicht recht würdig zu finden. Nun meinten dies die Berliner zwar auch, doch eben sagten sie es kaum weimareisern genug. Einem Holtzhauer war übrigens ziemlich klar, wohin das führen mußte. Und als im Herbst 1968 die gebotenen Schlußfolgerungen aus den Vorgängen in der Tschechoslowakei gezogen wurden, konnte er auch halbwegs befriedigt sich zurücklehnen und sich bestätigt wissen. Denn in jenem Herbst 1968 trat der kulturideologisch auswertende Minister Klaus Gysi weder in Bitterfeld noch in Berlin zu seiner Rede an, sondern notwendigerweise in Weimar; und mit schön-scharfer Entschiedenheit hob er hervor, nicht Gregor Samsa, vielmehr Faust sei das anzueignende Erbe.

Noch einmal ist damit Weimar als sozialistisch-klassizistische Gralsburg ausgerufen worden. Gregor Samsa allerdings ließ deshalb keineswegs ab, sein Unwesen zu treiben. Er trieb es nun erst recht. Und er vermochte gar dahingehend anzustiften, daß man sich einschlich in die casa santa und sie zu besudeln strebte. Im Zurückliegenden hatten sich viele der schreibenden Zunft noch einigermaßen ehrfurchtsvoll betragen. Und auch einem Louis Fürnberg, der es nicht verschmäht hatte, von 1954 bis zu seinem Tod (1957) als Weimarer Vizedirektor zu agieren, waren ketzerische Gedanken sehr fern gewesen. Um 1960 schließlich hatte es von sozialistischen Wilhelm-Meister-Romanen nachgerade gewimmelt. Doch eben damit war es jetzt aus. Wenn man noch Meister-Romane schrieb, so als skeptisch umgestülpte. Und im übrigen also diese Schleichgänge – die dem Ausspionieren eines solchen weimarischen Goethe dienten, den zu enthüllen einen unheiligen Spaß bereitete.

Was aber war es, was man auskundschaftete? Man sah, indem man es sehen wollte, den olympischen Philister, den herrscherlichen Kunstdogmatiker, den bornierten ästhetischen Gesundbeter, den Verdränger, den Oberbeamten, den Zensor. Und heraus fand man, an wie vielen der Obergewaltige sich sträflich verging: an Lenz und Heinrich von Kleist, an Hölderlin, an Jean Paul. Genau die aber seien es nun, so ließ man wissen, an die man sich, statt etwa an diesen Goethe, zu halten gedenke. „Pamphlet für K." lautete der Titel eines einschlägigen Essays; „K.", das meinte Kleist und Günter Kunert zugleich (und Kafka wohl auch noch mit); und in Goethe aber allegorisierte der pamphletistische Text den deutschen Gesundheitswahn schlechthin.

Es war dieser Kunertsche Text der schärfste von allen. Anstandslos brachte er Goethe und Buchenwald zusammen; die 56 000 Lageropfer ließ er als Goethesche assoziierbar werden. Wußte Kunert, daß Holtzhauer nahe Buchenwald, auf dem Ettersberg also, auf Jagd zu gehen liebte? Wußte er, daß dieser Holtzhauer seinen doch goethefreundlich dichtenden Vize Louis Fürnberg mißtrauisch beäugt hatte, weil der ein Jude war? Vermutlich hat er es nicht gewußt. Gewußt hat er dagegen, daß die pädagogische Provinz Weimar fortdauernd mit dem höheren Zweck einer Abwehr verbunden geblieben war, die ausdrücklich oder auch nicht so ausdrücklich den Kräften intellektueller „Zersetzung" galt.

Natürlich war man in Weimar damals empört. Einzig der, den ich jetzt zum letzten Mal erwähne, war es nicht: Helmut Holtzhauer. Er konnte es nicht mehr sein, weil er sich zwei Jahre zuvor, 1973, ans Sterben gemacht hatte. Was nun aber diejenigen betrifft, die es noch konnten, so mußten sie sich von der Berliner Zentrale ziemlich allein gelassen sehen. Dort nämlich war inzwischen Ulbricht gestürzt worden. Und der auf seinen Stuhl gekommen war, Erich Honecker, zeigte sich wenig gestimmt, Kulturpolitik zu betreiben. So auch hat der vielleicht gewußt, daß es eine Stadt namens Weimar in seinem Staate gab, doch im Hinterlande Berlins gab es viele Städte. Und ob Goethe oder Kleist?, es war ihm recht gleichgültig. Wert legte er nur darauf, daß ihm die kulturell, zumal die literarisch Tätigen keinen staatspolitischen Ärger machten. 1976 wies er, wo die Grenze war, dem Liedersänger Biermann. Doch eben nicht: Faust oder Gregor Samsa? war da die Frage. Der Mann hatte in westlicher Öffentlichkeit weder Goethe noch das klassische Erbe, sondern die östlichen Häuptlingshäupter höchstselbst mit Schmutzwasser übergossen.

Das Exempel, man weiß es, hatte Weiterungen. Im übrigen aber empfahl es denjenigen, die im Lande bleiben wollten, den Griff zur Metapher. Und die sich, weil sie gegen die Biermannsche Ausbürgerung protestiert hatten, nun sehr ins Außenseitertum gedrängt sahen, hießen denn wiederum Heinrich von Kleist; und sie hießen auch Karoline von Günderrode. Da spielte in dieser Christa Wolfschen Prosa die spreeberlinerische DDR am Mainzer Rheinufer des Jahres 1804; „Kein Ort. Nirgends" gab es für die beiden auch damals schon zu befinden; für die schreibende Frau ist der Dolch bezeugt, mit dem sie sich umbrachte, für den schreibenden Mann, der sich ebenfalls umbrachte, die Pistole. Nun lese ich in einem Goetheschen Brief, 25. Juni 1786: „Ich korrigiere am ‚Werther' und finde immer, daß der Verfasser übel getan hat, sich nicht nach geendigter Schrift zu erschießen." Dieser Goethe folglich, er hat, daß er sich nicht gleichermaßen ans Leben ging, immerhin bereut. Wirkliche und wahrhaftige Reue hätte indes darin bestehen müssen, die Selbstentleibung unverzüglich nachzuholen – was Goethe, und nachweislich, unterließ und statt dessen nach Italien reiste. Ein Kompromißler demnach, auf Ausgleich bedacht, der Tragödie ausweichend. Und Kleist, am ostberlinischen Rheinufer, zur Günderrode: „Wie, wenn nicht Tasso dem Fürsten, besonders aber dem Antonio, Unrecht täte, sondern die ihm?" Ein nach Weimar zurückkehrender „Geheimer Rat" also, der den Tasso in ihm, den Dichter, an den Staat verrät: ein Klassiker. Ein Nichtunterzeichner. Welcher sozialistische Klassiker aber war es, der mit den Biermann-Petitionisten in der Tat nichts im Sinn, der gar dem Ausgebürgerten einen kräftigen publizistischen Tritt noch versetzt hatte? Sein „Gespräch im Hause Stein über den abwesenden Herrn von Goethe" lief da gerade über alle Bühnen; und einzig das Deutsche Nationaltheater in Weimar hielt sich zurück. Hier nämlich, am Ort, mochte man diesem Hacksschen Stück die ihm eigene und im übrigen so selten gewordene Goethefreundlichkeit keineswegs glauben. Weimars Goethenasen, in diesem Falle witterten sie überfein.

Genau richtig dagegen witterte eine Schriftstellerin, die sich Weimar als Alterssitz ausgesucht hatte. Denn indem sie, die sozialistische Seniorin des Jahrgangs 1912, den Nachgewachsenen einen üblen Umgang mit dem klassischen Erbe vorwarf, ließ sie sich zugleich als düstere großmütterliche Prophetin vernehmen; und mit unheilschwangerer Stimme verkündete sie, daß es nach dem Jahre 2000, sofern nur die vorwaltende Erbpflichtvergessenheit fortdauere, keine „sozialistische deutsche Nationalliteratur mehr" geben werde. Der Essay, aus dem solche Worte hervorschreckten, trug den Titel „Genosse Jemand und die Klassik", veröffentlicht wurde er im Jahre 1981; und Inge von Wangenheim, die herniederwarnende Verfasserin, saß also in ihrer Weimarer Höhenvilla, sozialistisch-vaterländische Heroine und komische Alte zugleich, einzig bei ihr, das sah sie, hatte der Republiksgoethe noch einen Zufluchtsort, einzig sie eine noch verbliebene kämpferisch-humanistisch Beherzte.

Wer hat damals reagiert? Vor allem regte sich die Fraktion der Science-fiction-Autoren. Mit denen und ihrer Goetheverlassenheit hatte sich die Essayistin ganz besonders angelegt. Und die nun verteidigten sich entrüstet. Im übrigen aber nahm man die Philippika nicht sonderlich ernst. Genauso wenig ernst, wie man dann allenthalben auch den Imperativ des Goethejahres 1982 nahm. Im Vorfeld dieses Jahres 82 hatten die weimarischen Postholtzhauerianer einige Säkularisierungsarbeit geleistet und hatten zumal das Museum halbwegs enttempelt. Die Dichter freilich, die zu Feier und Symposion geladenen, ließen sich dennoch kaum blicken. Und aber auch die Oberen des Staats blieben fern. Den Part der offiziellen Theaterrede besetzte man auffallend drittklassig; der ihn schwitzend sang, war der stets vom Schlagfluß bedrohte Kulturminister Hoffmann; er hatte Schwierigkeiten mit der Atemtechnik und japste sehr. Weimar, man sah es, war zur Kleinstadtschmiere verkommen.

Wie jedoch ließ es sich da mit der weimarisch-goethebewußten Fortschrittsgesinnung halten? Alles lief auf Beleidigung hinaus: Fremd gingen die Dichter, fremd ging der Staat; und fremd ging selbst der Himmel über der Stadt. Der nämlich hatte sich als Übungsgelände einem täglich anfliegenden Schwarm sowjetischer Militärhubschrauber geöffnet; fortwährend klirrten die Scheiben. Der Verfall grinste aus allen Ecken hervor; die Ilm wurde immer trüber; umher kroch die Tristesse und verbreitete einen ganzjährigen November. In dem ich übrigens auch, wenn ich ihn erinnere, einer Person begegne, die ich selber war: halb Nischensitzer, halb Narr. Und vielleicht sogar in grimmig hoffnungslosem Einverständnis?

Die besagte weimarisch-goethebewußte Fortschrittsgesinnung litt dagegen weit anspruchsvoller. Und wenn denn der Osten nichts mehr im Sinn hatte mit ihr, mußte sie sich wohl oder übel an diesen Westen halten, dessen Besuchsfreudigkeit dem verletzten Stolz einigermaßen aufzuhelfen vermochte und dem der klassische Ort doch einiges wert zu sein schien. Wirklich denke ich heute, daß Weimar von allen östlich-deutschen Städten und Dörfern auf die Ankunft des Westens am allerbesten vorbereitet gewesen ist. So auch brauchte man in der Goethestadt weit weniger Federn zu lassen, als anderswo der Fall; die Umbenennung der Straßen geschah auf tadellos rasche und unbedenkliche Weise; und nur, daß im an und für sich schönen Eifer auch das Hotel „Einheit" zurückgetauft wurde, zurück in „Hotel Thüringen", wäre vielleicht ein bißchen anfechtbar. Im übrigen zog mit unvergleichlicher Geschwindigkeit die neue Sprache und zog der neue Schick in Weimar ein. Bonn spendierte unzögerlich ein opulentes Kunstfest – mit der Zusicherung: Alle Jahre wieder! Und um Goethes Geburtstag zu feiern, lud der Außenminister Genscher die Diplomatie ins Haus am Frauenplan. Und Paris saß zur Linken, Warschau zur Rechten, das goethedeutsche Weltkind in der Mitten.

Der klassikscheue Dichter Wulf Kirsten aber, nicht eine Weimarer Höhenvilla bewohnend, statt dessen ein unteres Mietquartier, ist nun Geschäftsführer bei der Deutschen Schillerstiftung geworden. Man braucht, wenn man als Schreiber nicht verhungern will in dieser neuen Zeit, einen Job; und eben die Klassik empfiehlt sich da mehr denn je als ein krisenfestes weimarisches Unternehmen. Vor 40 Jahren hat Kirsten eine kaufmännische Lehre absolviert – und wie heißt es doch bei Goethe?: „Laß den Anfang mit dem Ende/Sich in Eins zusammenziehn!" Indes blicke ich jetzt – und zum Schluß – mit Kirsten nicht in seine Geschäftsbücher, sondern vom Ettersberg herunter. Das Gedicht ist allerjüngsten Datums:

welch schöner september hier oben,
vor meinen augen öffnet sich das vom blanken himmel
zur ebenheit niedergedrückte land. einer neben mir
weiß nichts mehr von sich, die erinnerungen sind ihm
davongelaufen. ein anderer schreibt
sein verflossenes leben um, bringt es nachträglich
in die passende form und fasson. einer hat den lieben gott
über die klinge springen lassen. einer trug den decknamen
Petrus und schrieb getreulich berichte. die boshaftigkeit
seiner verleumdungen sucht ihresgleichen,
wird mir berichtet. mehr begehr ich nicht zu wissen
an diesem Tag, in wolkenlose geschichte getaucht.
wo aber bleibt die reine poesie?

Harald Gerlach

Woran man sich halten kann

Vom Umgang mit dem Zeitgeist

Eine Million Besucher jährlich. Das sind: eine Million Kronzeugen, auf die sich die Stellvertreter Goethes zu Weimar berufen. Wenn Goethes „Farbenlehre" ein Anliegen hat, dann ist es die Behauptung der Qualität gegen das Quantum, des Wertes gegen die Zahl.

Wer von Weimar handelt, muß sich auf Goethe einlassen. Dichter wechseln den Ort, weil sie ein Auskommen suchen. Voraussetzung für Mäzenatentum ist der Überfluß. Im Herzogtum Sachsen-Weimar regiert, als Goethe dahin kommt, der Mangel. Die Staatsfinanzen sind zerrüttet, die Region ist wirtschaftlich unterentwickelt. Wehmütig träumt man von vergangenen Zeiten, als um Ilmenau ein bescheidener Silberbergbau Arbeitsplätze brachte und einigen Gewinn abwarf.

Mithin ist Weimar der grundfalsche Ort für jeglichen Versuch, die Verhältnisse befördern zu wollen, indem man von Staats wegen aufgeklärte Geistesgrößen aushält. Goethe bemerkt das auch gleich. Als er am Morgen des 7. November 1775 Weimar zum ersten Mal betritt, kommt er in ein, wie Herder sagt, „Mittelding zwischen Dorf und Hofstadt". Bevölkert von ganzen sechstausend Seelen, Klein- und Ackerbürgern zumeist, das Residenzschloß ist abgebrannt. Acht Wochen später schreibt Goethe an Merck, daß er sehr wohl in der Lage sei, „das durchaus Scheißige dieser zeitlichen Herrlichkeit zu erkennen". Notwendige Folgerung ist die Einsicht, es wird für Gefährten wie Klinger und Lenz keinen Platz neben ihm haben. Schon er allein beansprucht die örtlichen Möglichkeiten bis an die äußerste Grenze.

Der Herzog Karl August weiß, daß auch Goethe weiß: nur ein zahlungsfähiger Hof kann für derart Entbehrliches wie Gedichte Geld ausgeben. Folglich überträgt er ihm die Verantwortung für die Staatsfinanzen.

Weimar ist triste Provinz. Die Abende im Wittumspalais, wenn Anna Amalia zu Informationsstunden über Vorkommnisse in der großen weiten Welt ruft, sind matte Versuche, den engen Horizont zu weiten. Man stickt oder zeichnet und hört sich an, daß ein Herr Achart von der Berliner Academie Hühnereier ohne natürliche Wärme ausgebrütet hat, allein vermittels der Elektrizität. Und der Herr Hemond von Uvalon hat einen Wagen erfunden, in welchem man sich selber führen kann. Derart hält man sich hier auf der Höhe der Zeit.

Auch vom Rousseauismus geht die Rede. Das Rustizieren ist in Mode. Es soll Naturkinder geben, die den Hofknicks nicht kennen! Und in Frankreich fungiert ein Indianer als Theaterheld! In solcher Zeit haust ein junger Poet, den der Herzog hat kommen lassen, in einem abgewirtschafteten Gartenhaus draußen über den Ilmwiesen. Sensationalisiert geht man vor den Ort, betrachtet das Exotikum: Goethe ist der Indianer von Weimar.

Walter Benjamin, als er nach Weimar kommt, vermerkt als ersten, erstaunlichen Eindruck: die ungewöhnlich breiten Fensterbretter. Und erfährt, beim morgendlichen Blick aus dem Fenster des „Elephanten", ihre geheimnisvolle Wirkung: aus dieser Perspektive verklärt sich alles. Man kann da, gemächlich aufgestützt, den Lauf der Dinge ansehn. Und das ist hier vor allem der zuverlässige, niemals abreißende Fluß der Touristenströme. Dahinter verblaßt anderes: in diesem Jahrhundert etwa das Scheitern der nach dem Ort geheißenen Republik, die Austreibung der Bauhauskünstler oder der wechselnde Gebrauch des Konzentrationslagers Buchenwald. Weimar ist, als was es gilt, einzig aus der Perspektive breiter Fensterbretter.

Zurück zu Goethe. Wir haben ihn nicht gemocht. Damals, als wir glaubten, des Schreibens mächtig zu sein. Wir, das meint die Generation, die, mit einem staatlich verordneten Klassikerbild ausgestattet, in die Literatur eintreten sollte. Und die, von solch monolithischer Last niedergedrückt, den Denkmälern fluchte. Den zerrissenen, gebrochenen Dichtern verschrieben wir unser Herzblut: Günther, Kleist, Günderode, Lenz, Hölderlin, Grabbe. Solcher Bezug hat ein Stück DDR-Literatur gestiftet. Sein Antrieb war politisches Raisonnement.

Aber dann kamen die Nöte, die Verdächtigungen, die Verbote. Die Einsamkeiten. Das Wissen, daß es den anderen nicht anders erging, half da wenig inmitten eines Gedröhns leerer Wörter, angesichts einer immer unverhüllter sich gebärdenden Banalität alles Öffentlichen.

Weimar war Sitz der thüringischen Fraktion des Schriftstellerverbandes der DDR. Bei Günter Kunert ist nachzulesen, wie deren Führung schon Anfang der fünfziger Jahre den bis zuletzt anhaftenden Beinamen „Thüringer Mafia" verliehen bekam: für besonders forschen Zugriff auf ästhetische oder ideologische Abweichler. Die vermittels Personalunion erzielte Nähe von Protagonisten dieser Mafia zu hohen Ebenen des Staatssicherheitsdienstes ist nach dem Herbst 1989 ruchbar geworden. Die nachweisbaren Denunziationen sind derart, daß es keinen Stil gibt, sie abzuhandeln. Hier geht es nicht um politische Irrtümer, sondern um abgrundtiefe Charakterlosigkeit. Wir sind noch in Weimar.

Daß Kunst Verwandlung sei und das Mehrsinnige Reichtum, nicht Mangel – so wenig war zu behaupten. Und als so gefährlich wurde es erachtet. Das repressive Instrumentarium zeitigte Schmerz. Die Bewältigungsvorschläge der Vorbilder gingen auf Wahnsinn, Selbstmord oder Rum.

Und so setzte, in verschämter Stille vorerst, ein Nachschlagen beim vordem Geschmähten ein, wie es denn der Olympier gehalten habe in solchen Dingen, vorausgesetzt, sie seien auch ihm begegnet.

Bei Benjamin liest man über Goethes Texte: standen nicht auch diese Blätter in einer Krisis? Lief nicht ein Schauer über sie hin, und niemand wußte, ob vom Nahen der Vernichtung oder des Nachruhms? Und sind sie nicht die Einsamkeit der Dichtung? Und das Lager, auf dem sie Einkehr hielt? Sind unter ihren Blättern nicht manche, deren unnennbarer Text nur als Blick oder Hauch aus den stummen, erschütterten Zügen aufsteigt?

Goethes Krisenmanagement war ein ausgefeiltes. Er wußte sehr bald um das ganz und gar Unvereinbare zwischen poetischem und politischem Herangehen an die Welt. Und doch hat er den längsten und kräftigsten Teil seines Weimarer Lebens so getan, als wüßte ers nicht. Was ihm daraus erwuchs, können wir nur ahnen. Wie er damit fertig wurde, ist bekannt. Für den alltäglichen Zoff war der hessische Landwein da. Bei größerem Ärger ergriff er die Flucht. Es mußte nicht immer gleich Italien sein.

Ich gebe eine Topographie Goethescher Retiraden zum Zwecke der Selbsterhaltung. Die drei ortsnahen Schloßanlagen Ettersburg, Belvedere und Tiefurt bieten kurzfristiges Entkommen von den Wirrnissen der Ministerämter. In das Dörfchen Waldeck am Rand des Holzlandes verkriecht er sich, wenn er an Festivitäten des Hofes nicht teilhaben will. In Oberroßla im Ilmtal kauft Goethe ein Gut: als stets bereiteten Fluchtort und mit der Hoffnung auf ökonomische Autonomie. Für Krisen der Dichterseele ist Großkochberg gut – dort warten die Arme der Frau Oberstallmeisterin. Häufigster Fluchtpunkt ist Jena. Dort wartet er die gefürchteten Erkältungskrankheiten in der Familie ab und die politischen Intrigen in der Residenz. In die Dornburger Schlösser an der Saale geht er, wenn ihm alle Fassung abhanden gekommen ist, wie etwa beim Tod des Brot- und Landesherrn. Stehen aber größere, etwa militärische Belästigungen ins Haus, dann muß der Abstand weiter sein. Dann reist Goethe nach Karlsbad. Zu den häufig genutzten gesellen sich noch etliche Verstecke, die seltener aufgesucht wurden: Ilmenau, Lauchstädt, Stützerbach, Wilhelmstal, Paulinzella, Bad Berka. Die hauseigene Kutsche am Frauenplan ist ein unentbehrliches Rettungsgerät.

Jemand im Kulturministerium der DDR muß irgendwann Goethe gelesen haben. Wie anders wäre zu erklären, daß, als ab Ende der siebziger Jahre die Dichter zunehmend den Staat verärgern, in eben jenem Haus der Plan entsteht, einigen aufgeregten unter den Poeten eine zeitlich begrenzte Abwesenheit vom real existierenden Sozialismus zu verordnen. Konfliktpause wurde das geheißen.

Wer häufig reisen muß, ist auf gute Wege aus. Erneut beweist der Landesherr sein politisches Geschick und beruft den Dichterfürsten zum Leiter der Wegebaukommission. „Oberster Straßenkehrer" – so spottet Herder. Goethes Streben geht vor allem darauf, den Fernverkehr der Frankfurt-Leipziger Handelsstraße, die über Erfurt/Naumburg geht, durch Weimar zu lenken. Vergeblich. Das „durchaus Scheißige" behält die Oberhand. So läßt er wenigstens einige Pfützen auf dem Weg nach Jena mit Kies zuschütten.

Knapp zwei Jahrhunderte später bewegt ein ähnliches Ringen das Kaff im Ilmtal. Die monarchistische Befehlsstruktur der DDR-Wirtschaft läßt jeden Morgen aus allen Bezirksstädten des Landes Expreßzüge ohne Zwischenhalt in die Zentrale rollen. Unter Aufbietung klangvoller Namen, Goethe und Schiller voran, erreicht Weimar als einzige Nichtmetropole einen einminütigen Zwischenhalt. Beruhigt können sich die Stadtväter im Sessel zurücklehnen, die Bürger jubeln – der Anschluß an den Zug der Zeit ist wieder hergestellt.

Karl August war, ich betone das, was Goethe betrifft, über seine Verhältnisse hinaus gutwillig. Aber er war kein Mäzenat. Die Armseligkeit stiftet Neurosen. Weimar zur Goethezeit ist eine neurotische Stadt. Als der Dichter nach vieljährigem Konkubinat mit Christiane sich endlich entschließt, die Mutter seines Sohnes zu ehelichen, wählt er dafür einen Augenblick, in dem er keinerlei öffentliche Beachtung fürchten muß: vier Tage nach der verheerenden Niederlage bei Jena-Auerstedt, die Weimarischen Hospitäler sind voll von Verwundeten, die Stadt ist geplündert, stiehlt sich Goethe vor den Altar von St. Jacob. Geholfen hats wenig: wenn er mit Christiane durch die Stadt geht, wechseln entgegenkommende Hofdamen noch immer die Straßenseite. Der Friedhof am Poseckschen Garten versammelt

23

nahe der Fürstengruft alle Goetheschen Familienanhängsel bis ins allerletzte verkümmerte Glied. Nur die unstandesgemäße Frau des Dichters fehlt. So geht das in Weimar.

Angesichts solcher Geläufigkeitsübungen im Verdrängen nimmt es nicht wunder, daß das 1894 begründete Nietzsche-Archiv zu Weimar bis in die letzten Atemzüge der DDR hinein streng versiegelt geblieben ist. Vom Weltgeist gingen im Ilmtal die Träume. Die Wirklichkeit ist beim Zeitgeist geblieben.

Jetzt wohl möchte der Einspruch kommen, der Ort sei wohl das eine, ein anderes aber das Werk, das er hervorgebracht habe. Ich zitiere Schiller: „Goethe hat das Unglück, daß er in Weimar gar nichts arbeiten kann. Was er binnen 4 und 5 Jahren geschrieben, ist alles in Jena entstanden." Diese Auskunft vom 3. September 1800 an Gottfried Körner wird auch für die nächsten zwanzig Jahre Gültigkeit behalten.

An Weimar fällt beim ersten Hinsehen auf, daß es ein für den Provinzort viel zu großes Theatergebäude hat. Darinnen konstituierte sich eine deutsche Republik. Sie ist auch richtig zur schlechten Provinzinszenierung verkommen. Mit schlimmen Folgen. Goethe war lange Jahre Theaterdirektor in Weimar. Schon damals konnte der Ort die Bühne nicht tragen – man mußte über Land tingeln gehen. Ihre schönsten Erfolge feierte die Truppe bei Gastspielen in Erfurt, Lauchstädt und Rudolstadt. Goethes Intendanz endete mit einem kaum kaschierten Rausschmiß nach höfischem Intrigenspiel. Von allen Weimarer Niederlagen hat diese ihn am tiefsten getroffen.

Theater in Weimar. Ich rede vom Versuch, Majakowskis „Schwitzbad" dort zu inszenieren. Jenes Stück, nach dessen Niederschrift der Dichter zum Revolver greift.

Guten Morgen, sagt der Theaterportier. Sie wollen den Majakowski machen? Der ist bei uns schon vor fünfzehn Jahren bloß bis zur Generalprobe gekommen!

Ein kleiner, mißwüchsiger Friseur, seines Zeichens Parteisekretär, schleicht finsteren Gesichts durch die Korridore des Verwaltungsgebäudes, unterm Arm den Majakowski-Text, klopft an diese Tür, an jene, weist mit dem Finger auf mißliebige Passagen. Am häufigsten auf jene, in der es heißt, an eine Umsiedlung des Kommunismus sei in den nächsten hundert Jahren nicht zu denken. Tage später sitzen Offiziere des Staatssicherheitsdienstes beim Intendanten. Während der Proben knarren im oberen Rang verstohlen die Türen. Diesmal kommt das Stück nicht einmal bis zur Generalprobe.

Das ist im Frühjahr 1989. Woran, in solcher Lage, kann man sich halten? Goethes so verzweifelter wie unsinniger Versuch, den Einakter des Kollegen Kleist vermittels einer langen Pause für den Hof gefälliger zu machen, vermochte das Scheitern der politischen Komödie „Der zerbrochene Krug" in Weimar nicht aufzuhalten. Der Zeitgeist siegte auch da. Und der hielts mit den Trivialen: Kotzebue, Iffland, Vulpius.

Weimar versteht sich seit Goethe als klassizistisch. Die Verkörperung des Klassizismus in Weimar ist der Gipsabguß. Zu mehr hats bei hiesiger Bedürftigkeit selten gelangt. Goethes letzte Worte auf dem Sterbebett, unklar artikuliert, sind gedeutet worden als: mehr Licht! Womöglich aber hat der Greis, resignierend, bloß verlangt: mehr Gips! Es wäre dem Orte gemäß. Weimar ist verfallen. Eben noch die Bausubstanz der wichtigsten Gedenkstätten ist erhalten. Zum Stadtjubiläum erhielt der Ort den schmerzlichsten Tiefschlag. Er wurde zum Potjomkinschen Dorf, indem man ihm bunte Fassaden malte. Dahinter ging der Niedergang weiter.

Die Weltvorstellungen von einer lebendigen Stätte, darin die Musen ein stetes Bleiben hätten – sie sind Fiktion. Der Geist von Weimar datiert das Ende der deutschen Literatur auf den 22. März 1832.

Es drängt sich folglich die Frage auf: wenn Weimar nicht ist, was von ihm vorgegeben wird – wer dann hat diese Fiktion gestiftet? Und in welcher Absicht? Da liegt nun freilich der Verdacht nahe, Weimar sei eine Art deutsches Alibi für eine in Vielem mißglückte Geschichte, vor allem im Verhältnis des Landes zu seinen Sängern. Der schöne Ort, wo alles zum Besten endigt – so etwas vorweisen zu können schafft wohl Beruhigung für die nationale Seele. Aber, bleibt da einzuwenden, die Fiktion Weimar wird ja nicht von den Deutschen allein getragen. Zur Zeit vielleicht sogar am wenigsten von ihnen.

Schiller schreibt im November 1793: „Erst muß der Geist vom Joch der Nothwendigkeit losgespannt werden, ehe man ihn zur Vernunftherrschaft führen kann." Es ist dies die Zeit, in der sich der Dichter aus Gründen äußerster Bedürftigkeit für drei Jahre stipendieren lassen muß. Das Geld, wie zu ahnen, kommt nicht aus Weimar. Mäzenat ist der Herzog von Schleswig-Holstein-Augustenburg. Und weiter: „... der Mensch ist noch sehr wenig, wenn er warm wohnt und sich satt gegessen hat, aber er muß warm wohnen und satt zu essen haben, wenn sich die bessere Natur in ihm regen soll."

Die frühe Weimarer Einsicht der Klassiker lautet: der Krisenstaat des verkommenen Feudalismus läßt sich nicht in einen republikanischen Freiheitsstaat verwandeln. (Daraus ist vor allem die konsequente Absage an den „Tagesgeist" zu begreifen und das verbissene Insistieren auf Ästhetik!)

Hier immerhin haben wir jene bemerkenswerte Erkenntnis, die etwa den Veranstaltern der russischen Revolution von 1917 abging: was denn machbar sei angesichts der tatsächlichen Verhältnisse. Von den Folgen solchen Mangels an Einsehen, Geschichte kann zynisch spielen, wurde Weimar vier Jahrzehnte lang schmerzlich heimgesucht, nachdem der russische Irrtum bis ins Ilmtal exportiert worden war.

Schiller ging um mit seinem Lieblingsprojekt. In Zeiten intakter Beziehungen zu Goethe ist es häufig erörtert worden: in Weimar soll eine Dichter-Academie gestiftet werden. Die Stadt hat sich auch diesem Vermächtnis nie gestellt. Selbst der vor Jahren eingebrachte Vorschlag, sich des leidigen Auftrags auf minimalste Art zu entledigen, indem man jährlich ein Stipendium für einen begabten Dramatiker aussetze, hatte in Weimar keine Chance.

In der Krisenzeit vor der ersten Flucht nach Italien schreibt Goethe an Knebel: „Der Wahn, die schönen Körner, die in meinem und meiner Freunde Dasein reifen, müßten auf diesem Boden gesät und jene himmlischen Juwelen könnten in die irdischen Kronen dieser Fürsten gefaßt werden, hat mich ganz verlassen."

Ich frage: wo anders wäre es ihm anders ergangen?

Die Antwort erteilt Goethe selbst, indem er immer wieder zurückkehrt ins Unzulängliche, das ihm jedenfalls ein Auskommen bietet. 1820 schreibt er im dritten Heft des zweiten Bandes „Kunst und Altertum": „Gar oft im Laufe des Lebens, mitten in der größten Sicherheit des Wandels bemerken wir auf einmal, daß wir in einem Irrtum befangen sind, daß wir uns für Personen und Gegenstände einnehmen ließen, ein Verhältnis zu ihnen erträumten, das dem erwachten Auge sogleich verschwindet; und doch können wir uns nicht losreißen, eine Macht hält uns fest, die uns unbegreiflich scheint. Manchmal jedoch kommen wir zum völligen Bewußtsein und begreifen, daß ein Irrtum so gut als ein Wahres zur Tätigkeit bewegen und antreiben kann. Weil nun die Tat überall entscheidend ist, so kann aus einem tätigen Irrtum etwas Treffliches entstehen, weil die Wirkung jedes Getanen ins Unendliche reicht."

Es liegt also die Vermutung nahe, die Fiktion Weimar sei als Erscheinung wohl singulär, beschriebe aber ein durchaus strukturelles Dilemma. Und die Menschen bedürften allerorten solcher Fiktionen als Kompensat für das überall nicht Eingelöste, weil nirgends Einzulösende.

So möchte ich denn glauben, der GENIUS LOCI zu Weimar sei im Eigentlichen der KUTSCHWAGEN, wohl erhalten, wie zur plötzlichen Ausfahrt bereit, in der Remise am Frauenplan. Das Instrument für die HEGIRE, wie Goethe seine Überlebenstechnik mit Bezug auf Mohammeds Entweichen von Mekka nach Medina zu bezeichnen pflegt (und die bei ihm in der Regel mit dem Vorgang einer HÄUTUNG verbunden ist). Die Möglichkeit also, den schwer zu ertragenden Ort nach Bedarf oder Belieben hinter sich zu lassen, Leben zusammenzutragen und den Blick zu weiten über das Mistbeet hinaus, darinnen Provinz sich beständig reproduziert.

Brigitte Struzyk

Die vergifteten Brötchen von Weimar
oder
wen sucht der Geist jenen Ortes heim?

Ein Sonntagsspaziergang durch den Goethepark vor 30 Jahren und mehr ...
Die Schaukelbrücke, die Glockenwiese, das Römische Haus, die „Kalte
Küche", – eine Muschelkalkwand mit der Inschrift: „Die Ihr Felsen und
Bäume bewohnet, o heilsame Nymphen". Was sind Nymphen? Lachen im
Erwachsenenpulk. „Nymphomanin!", helles Lachen, schrille Amplitude im
Weibergekreisch. Also weiter. Treppen rauf, an Liszt vorbei. Ein erstaunli-
cher Fakt: Denkmäler hatten alle einen Sockel, zu dem ein paar Stufen
führten. Auf den Stufen lagen meist Blumen, sie galten dem teuren Toten.
Ein Kinderfuß gehörte da nicht hin – wehe! Beim Kriegerdenkmal über dem
kleinen Geburtsnest im Wald wurden die Erwachsenen zu Racheengeln,
setzte man zu profanem Tun an, etwa Bordsteinhopsen. Abstand! schrie
jedes Denkmal, und Ruhe sanft! als Drohung der Betrachter. Hier beginnt
eine andere Welt. Ich dachte das Jenseits. Das versteinerte Leben war das
Jenseits.

Liszt hingegen: der große weiße Mann mit langem Haar und langem
Mantel, dessen ausgestreckte Hand ständig verstohlen ergriffen wurde – mal
schwarz gefärbt, mal abgeschlagen –, stand auf einem Mäuerchen, das zwei
Bänkchen aus Stein als Rückenlehne diente. Auch das Mäuerchen war weiß,
und es war von den Banksitzen aus leicht zu erklimmen. Ich konnte mich
neben ihn stellen, ich blieb klein, aber ich wurde nicht kleiner.

Die Vorgänge um die Liszt-Hand beschäftigten einen Teil der Bevölkerung. Anschläge, so raunte man, und so hörte ich es auch am Frühstücks-
tisch. Rache wurde geübt – wieso „geübt", wenn sie geschah? – am Komponisten der Siegesmeldungsmusik. Der Staatssicherheitsdienst war schon
auf der Spur, damals verfolgte er noch alle Seiten, ringsum. Eine Aufklä-
rungskampagne sei vonnöten. Schließlich sei Liszt ein großer Sohn eines
durch den Hitlerfaschismus (von Seiten der sozialistischen Antifaschisten
wurde nicht das Wort Nationalsozialismus gebraucht, so daß die Abkürzung
Nazi geheimnisvoll war) gedemütigten Volksdemokratie. Ich hörte meinen

Vater mit Groll in der Stimme zitieren, hörte etwas von Horthy, und die hätten ja schließlich auch ihre schwarzen Pfeilkreuzler gehabt (ich stellte sie mir als monströse Kartoffelkäfer vor), und was hätte wohl Liszt damit zu tun, daß seine kräftige Komposition „Les Préludes" Siegesmeldungen und Niederlagen zu umrahmen hatte.

Liszt stand unter Spannung, hinter dem Denkmal war ein Mord geschehen, hatten Russen Frauen vergewaltigt, hinter dem Denkmal im Gebüsch unweit des Heldenfriedhofs für die Gefallenen der Roten Armee. Eine Mauer aus Naturstein, so hoch, daß ein Kind darüber hinwegsehen konnte, begrenzte ein Totenfeld, wo in Reih und Glied, so, als seien sie auf Befehl aus den Latschen gekippt, die Helden im Kampf gegen den Hitlerfaschismus ihre letzte Ruhe finden sollten. Am Brunnen, vor dem Tore, dem Frauentor, stand Wieland. Er lehnte an einem Eichenstamm, er hatte stramme Waden, er hatte erstaunlich realistische Knopflöcher an seinem eleganten Rock, er hatte Locken und er stand auf einem Platz gleichen Namens. War man erst einmal auf dem Wielandplatz, war man fast in der Stadt, und ein Sonntagsspaziergang durch die Stadt war eine Tortur. Oft reichte der kurze Weg von der Ackerwand am Wielandplatz vorbei, den Frauenplan entlang und die Puschkinstraße zurück zum Haus der Frau von Stein. Meine Eltern trafen auf dieser Strecke so ziemlich alle möglichen Quatschköpfe, die sich den Mund fusselig redeten über Dessau und Eisler, über Abusch und Ulbricht, über den den Suezkanal und die Frage, ob Novalis ein Reaktionär sei oder nicht. Ich sollte still sein. Manchmal redeten sich die Versammelten fest direkt vor dem Goethehaus. Wenn der Disput heftig wurde, konnte ich mich auf die Eisenkette setzen, schaukeln, Bordstein hüpfen auf den ausgetretenen Stufen. Es war ein guter Ort. Auf dem Rückweg blieb ich gern vor dem Bandagengeschäft stehen. Prothesen, Stützkorsetts, Krücken. Zurück in den Park, an Puschkin vorbei, ein Neuer zwischen den Platzhirschen. Ich hielt es für ein kühnes Denkmal. Ein wulstig gekneteter Kopf, der auf den Schultern saß, die aufgeworfenen Lippen ein wenig spöttisch, der Blick gen Himmel – die Attitüde, ihr könnt mich alle mal, machte ihn zum Freund, nicht aber in dem Sinne, wie die Sowjetmenschen auch Freunde genannt wurden. Von Puschkin kannte ich das Gedicht „Ein Wintermorgen" in einer für die Schuljugend gestoppelten Fassung. Es begann mit den unverfrorenen Worten „Erst gestern war es, denkst Du dran, es ging der Tag zur Neige ...", die mich ergriffen in ihrer Direktheit. Puschkin hatte auch kein Treppchen, er war von Erde umgeben vor einer Wiese, die an den Bibliotheksturm anschloß. Der Pulk ging weiter zu der Felsentreppe unterhalb des Tempelher-renhauses, auf dessen unerreichbarem Balkon eine vergessene Kalasch-nikow lag. Bevor der Pulk zur Felsentreppe einschwenkte, wurde auf den Standort der weiblichen Person hingewiesen, denkmallos, die sich nach der Lektüre des Jungen Werther in die Ilm zu stürzen versucht hatte. Es mußte viel Wasser die Ilm hinabgeflossen sein, denn so viel wußte ich von meinen Kahnfahrten, die an der Ausleihstelle am Haus der Jungen Pioniere, der ehemaligen Reithalle, begannen, bis zur Schloßbrücke einerseits und bis zur Naturbrücke andererseits ausgedehnt werden durften, soviel wußte ich vom drohenden auf Grund gehen: die Ilm war hier nicht tief. Ich stellte mir die unglückliche Person vor, die sich hier ins Wasser stürzen wollte, und sah ihre Schürfwunden vor mir und wie sie wieder an Land mußte. Man ging dann die Felsentreppe hinunter, kam am Nadelöhr vorbei, einer klaren Quelle, die einem Eisenrohr entsprang. Andere Treppen hinauf, am Borkenhäus-chen entlang, das von den Legenden der unsittlichsten Art, in die Goethe und Carl August verwickelt waren, umwoben schien. Die entsprechenden Zeichen waren eingeritzt. Man sollte darüber hinweg sehen, zu Shakespeare hin, einem weißen Zweifler in Pluderhosen, zu dessen Füßen ein Totenkopf lag. Er war umgezogen. Ich hatte ihn noch vor dem Schloßturm stehen sehen. Der Fakt wurde von den Erwachsenen kommentiert: ein Zeichen der Zeit, es wäre etwas in Bewegung gekommen, die Verrückten kehrten an ihre Stammplätze zurück. Kränze, Botschaften, Glückseligkeiten. Ja, triumphier-te die Tante, die mit Elisabeth Förster-Nietzsche durchs Webicht spaziert war und gehaltvolle Gespräche geführt hatte. Ja, triumphierte sie. Zwar dürfe sie Nietzsches Namen noch nicht laut sagen, aber – und ein Verschwö-rerblick fiel auf Shakespeare – der Tag würde schon kommen. Ich fand das unheimlich, zumal sie mich darum bat, in der Schule darüber nichts zu sagen. Shakespeare erschien mir schaurig. Ein Reaktionär, etwas Abge-schafftes, das man wieder herbeigeschafft hatte.

Eine Strecke folgte ohne jede Bedeutung, wandte man seinen Blick nicht vom Wege ab. Die Blicke im Erwachsenenpulk aber schweiften ins Tal, wo Hoffnungsglück grünte. Das Gartenhaus. Noch eine Kurve, am Dessauer-stein vorbei. Nein, mein Kind, mit Paul Dessau hat das nicht zu tun – Lachen im Erwachsenenpulk. Goethe ließ diesen Stein setzen für den wirksamen Landschaftsgestalter aus Dessau. Nein, Bauhaus auch nicht, viel früher. Er habe diesen englischen Parkstil auf dem Festland eingeführt. Und dieser, der Goethepark, sei nach seinem Muster ausgeführt. Eigentlich war das ein schöner Park, und ohne Erwachsene war er unser Abenteuerspielplatz. An der Höhle unweit der Falkenburg wagten wir uns aber jahrelang nicht vorbei. Dort hatte ein Mitschüler meiner Schwester seinen Freund erschossen, aus Versehen. Und mit diesem Hintergrund war der Schlangenstein – hundert Schritte entfernt – ein Ort, der mich anzog. Kein Denkmal für einen Menschen. Für eine Schlange. Ein schlanker Sandsteinzylinder, der mich nicht hoffnungslos überragte. An ihm wand sich eine Schlange empor, ich faßte sie an, das durfte ich. Den Spiralweg der Schlange verfolgen mit den Fingerspitzen. Bis zum Kopf – hatte sie Giftzähne? Hatte man ihr den Zahn gezogen, hier? Hatte sie etwas mit dem Etterberg zu tun? Mir war das Buch „Geißel der Menschheit" von Bertrand Russell in die Hand gefallen, ich kam nicht los von den Bildern. Ein Unterschenkel, geöffnet, darunter eine sachliche Notiz, Zustand nach der Injektion. Wenige Häuser von unserem entfernt, auf dem Hypothekenhügel, war das Haus des Buchenwaldarztes Dr. Möller. Es war entnazifiziert, gehörte der Goetheschule, und dort lernten wir den deutschen demokratischen Volkstanz. Es war ein schönes Haus mit einem großen Wintergarten, den wir mit unseren Polkaschritten durchstampften. Es gab ein Schwimmbecken im Freien, der Arzt und seine Familie hatten gesund gelebt, und es gab einen kleinen Bunker. Der Bunker galt als Luxus – und das ging so weiter. Jeder, der einen Privatbunker hatte, war wirklich auf der Stufenleiter ganz oben. Die Tante, die mit Elisabeth Förster-Nietzsche im Webicht spazieren gewesen war und die auch die Beisetzung dieser großen Frau, wie sie sagte, miterleben durfte, die auch dem Führer bei dieser Gelegenheit nur ein gutes Zeugnis ausstellen konnte – solche Umgangsformen hätten die neuen Machthaber nicht –, diese Tante sagte einmal beim Romméspielen, Möller wäre ein sehr guter Arzt gewesen und das Opfer bolschewistischer Propaganda. Es gab Streit. In Buchenwald war auch einer meiner Onkel inhaftiert. Mein Onkel, der mit seiner Familie – Weißrussen deutscher Abstammung, Offizierstradition im xten Glied – vor den Bolschewiki geflohen war und im Thüringer Wald den Bäumen etwas aus der Familientradition mitteilte, er war als kleiner Nazi, der russisch sprach, durch Denunziation nach Buchenwald gekommen, erst als Dolmetscher, dann als Häftling. Ich hatte nachts Angst auf dem Flur, wenn ich das rote Licht auf dem Buchenwaldturm ins Fenster leuchten sah. Die Schlange lauerte. Auf dem Schlangenstein lagen drei steinerne Brötchen. Ich wollte die Geschichte wissen und erfuhr von meinem Vater, daß die Schlange in vergiftete Brötchen biß. In den Steinzylinder waren die Worte eingemeißelt

GENIO HUIUS LOCI, und mir wurde übersetzt „Dem Geiste jenes Ortes". Ich hatte keine Wahl beim Besetzen der Widmung, mitten im Zauber.

Der Zauber des Parks ließ mich nie los. Das Wasserband, das Flüstern, die wirklichen Steine, die Schafe und die Stunden, die in die Bäume gefahren sind, das Licht über allem, die Wolken und auch das Tönen von der Stadt her. Flötentöne am Puschkindenkmal. Am Platz der Demokratie die Musikhochschule. Platz der Demokratie – eine historische Reminiszenz. In einem „Nationaltheater" sollte man keinen Staat begründen. Drei Jahre nach der Weimarer Verfassung tönte General von Ludendorff vom Nationaltheaterbalkon deutsch-national: das Reich muß sich wehren. Der Platz war schwarz vor begeisterten Menschen. Vorsicht, Menschen! – ist eine angebrachte Warnung in einem Gelände, das auf Leben aus zweiter Hand gegründet ist. Es ist zu warnen vor Retorten-Söhnen, und wirklich war der große Sohn der Stadt August von Kotzebue ein inoffizieller Mitarbeiter des zaristischen Staatssicherheitsdienstes. Puschkin hat ein Gedicht auf seinen Mörder, Karl Sand, verfaßt, und es wurde in Rußland herumgereicht wie weiland Biermanns Lieder. Geborgtes Leben, Fassadenstrahler, vor der Finsternis, die hier wie da herrscht, Lichtblicke eingeschlossen.

Zu ihnen gehören die Begegnungen, die dieser Ort ermöglichte. Als Schülerlotse hatte ich Widerstandskämpfer aus Frankreich durch die Nationalen Forschungs- und Gedenkstätten zu führen. Ich befreundete mich lebenslang mit Paul und Simone Guignard, die Besuche waren einseitig, aber ich lernte französisch, ich erlebte lebendige Menschen, die dem Tod entkommen waren und ihr Leben feierten. Und ich traf im Park eine ältere Dame, die mir nach einer Auskunft die gesammelten Erzählungen von Franz Kafka schenkte. Da stand ich auf dem Kiesweg mit Fünfzehn und las Kafka, der noch eine Unperson war. Und ich kann den Geist jenen Ortes nicht leugnen, der die Fensterflügel wehen ließ im Kuchenkrümelland.

Er liegt in der Luft. Der Text ist im Fluß. Er bringt den Mond in Worten zur Welt. Unendlich im göttlichen Licht – ein Silbenfluß.

PS: Der Schlangenstein wurde 1778 in Goethes Abwesenheit (Italien) dem Freunde von Carl August gesetzt, ausgeführt von Martin Klauer. Die Inschrift zitiert Vergil, der seinen Äneas diese Worte fallen läßt, als er endlich am Tiber sich niederläßt. Die vergifteten Brötchen konnten nicht nachgewiesen werden. Es war wohl ein Vaterwitz auf den Umstand, in Amt und Brot zu sein. Im Brötchen.

Konrad Paul

Vom Büchermachen in Weimar

Angesichts der übrigen Texte muß ich mich mehr denn je als Seiteneinsteiger begreifen, wenn ich Ihnen vom Büchermachen in Weimar, von Verlagen, Traditionen und anderem berichten will.

Es war ein freier Schriftsteller, der sich 1773 in Weimar niederließ. Friedrich Justin Bertuch (1747-1822), der im Jahr der Ankunft Goethes Geheimer Sekretär in Carl Augusts Diensten wurde, versuchte sich zuerst als Unternehmer und richtete 1782 eine Fabrik für künstliche Blumen (Christiane Vulpius, die spätere Lebensgefährtin Goethes, war dort angestellt) ein, dachte aber zugleich auch an einen Verlag für handwerkliche Erzeugnisse. Sehr schnell aber begriff Bertuch den ganz eigentümlichen Geist des Ortes und bekannte um 1800, daß „die hiesige Stadt zu keiner anderen Art von Landes-Industrie als zur literarisch-artistischen geeignet ist ...". Nachdem ihm dies so richtig klar geworden ist, richtet er eine Druckerei ein und hat schon 1805 „150 000 Bände in einem Gesamtwert von 52 000 Talern auf Lager", viele Landkarten darunter.

Seine Firma behielt den Namen Industrie-Comptoir, aber die Produktion von Büchern und Verwandtem blieb – mit dem „Bestseller", dem „Journal des Luxus und der Moden" im Programm – die Hauptsache im Unternehmen. Folgerichtig bezeichnete der reisende Schotte Russel dieses als eines der bedeutendsten seiner Art in Deutschland, und der Engländer Granville meinte, daß diese Firma allein genüge, „der Stadt eine hervorragende Stellung unter den literarischen deutschen Städten zu sichern".

Wohlgemerkt: es ist von Weimar, von Bertuch die Rede. Es ist wichtig, zu einer Zeit, zu der im Bertuchschen Hause, dem heutigen Stadtmuseum, eine Ausstellung an das Wirken dieses für Weimar wichtigen Mannes erinnert, das festzuhalten.

Zu Beginn unseres Jahrhunderts versuchte Harry Graf Kessler (1868-1937), erfahrener Politiker, Kosmopolit und Mäzen, weitgehende künstlerische Entwürfe in Weimar zu verwirklichen. Seine Initiativen für ein „Neues

Weimar", die er unter anderem mit Künstlern wie Henry van de Velde, den er nach Weimar rief, realisieren wollte, knüpften an die Pläne von Franz Liszt an, Weimar zu einem weithin ausstrahlenden Forum für moderne Kunst zu entwickeln. Die Bedeutung Kesslers für Weimar, wo sich sehr schnell Widerstand gegen seine Bemühungen regte, ist von Renate Müller-Krumbach eindringlich gewürdigt worden.

Der von Teilen der Hofgesellschaft und Kleinbürgern ausgelöste Rodin-Skandal (1906) sorgte für Schlagzeilen in ganz Deutschland, er führte auch dazu, daß Kesslers Wirken in Weimar begrenzt wurde. Im Mittelpunkt standen von nun an die Bemühungen um das schön gestaltete Buch.

Der Kunsthistoriker Eduard von Bodenhausen hat in einem Brief vom 14. April 1916 an Hugo von Hofmannsthal Kessler als einen allem Neuen aufgeschlossenen Menschen charakterisiert, und dies prägnante Dokument soll hier zitiert werden: „er (Kessler, K. P.) ist sehr frisch, für mein Gefühl etwas zu impetuos inbezug auf moderne Dichtung etc. Er scheint restlos das zu erleben, was die wenigsten Menschen erleben können, und was ich mir immer für mich gewünscht hatte: auch in vorgerückteren Jahren den Kontakt mit den jüngsten Äußerungen des künstlerischen Schaffens nicht zu verlieren. Daß er dabei, seiner Natur entsprechend, auch heute noch dies alles übertreibt, ist wahrscheinlich das notwendige Korrelat zu solcher Begabung. Er hat einen neuen Dichter entdeckt, der Becher heißt, und mit dem er ununterbrochen zusammen ist ...

Diesen Mann hält er für ein reelles Genie ... Er spricht von zwei Menschen, die Werfel und Däubler heißen, so etwa, wie wir von Tizian und Rembrandt sprechen, oder von Keller und Hebbel. Daß ich beide Namen noch nie gehört hatte, erregte sein unbegrenztes Erstaunen und seine mitleidige Verwunderung."

Für das schön gestaltete Buch war Harry Graf Kessler, dessen Cranachpresse von 1913 an in Weimar arbeitete, schon 1904 tätig geworden. Ausgehend von den großen Leistungen moderner englischer Buchkünstler hatte Kessler dem Weimarer Großherzog Wilhelm Ernst, der nicht im mindesten seinen ambitionierten Vorfahren ähnelte, den Vorschlag gemacht, im Insel-Verlag eine deutsche Klassikerausgabe nach englischem Vorbild unter dem Titel „Großherzog-Wilhelm-Ernst-Ausgabe Deutscher Klassiker" erscheinen zu lassen. Der Reinerlös sollte dem Weimarer Museum für Kunst und Kunstgewerbe gestiftet werden. Geschmeichelt stimmte der Großherzog zu – bis 1921 erschienen vierunddreißig Bände dieser Edition, die ein eindrucksvolles Beispiel für das schöne Gebrauchsbuch ist. Wirtschaftliche Erwägungen und auch Zwänge führten zu Unstimmigkeiten zwischen Kessler und seinem Verleger, so daß die Reihe nicht fortgeführt wurde.

Die in Kesslers Cranachpresse gefertigten Bücher (z. B. Homers Odyssee in der Übersetzung Rudolf Alexander Schröders mit den Illustrationen Maillols, aber auch die Hamlet-Ausgabe sind unbedingt zu nennen) machten ihn weit über Deutschland berühmt.

Daß die Presse 1931, zwei Jahre vor der Machtergreifung der Nationalsozialisten, ihre Tätigkeit einstellen mußte, ist, meine ich, sowohl auf wirtschaftliche Ursachen wie auf das politische Klima im Weimar dieser Zeit zurückzuführen.

Es war wohl vor allem ein Verlag, dem es angesichts solcher Umstände gelang, in Weimar ein Stück Kontinuität und Tradition zu bewahren, und dieser scheint mir nicht umsonst ein Bindeglied zwischen Vergangenheit und Gegenwart zu sein. Die 1624 auf Anordnung von Herzog Johann Ernst von Sachsen-Weimar eingerichtete Hofbuchdruckerei wurde 1853 von dem Hallenser Buchhändler Hermann Böhlau gekauft. Historisch-kritische Ausgaben wie die Sophien-Ausgabe der Werke und Briefe Goethes oder die Luther-Ausgabe bestimmten das Programm, zu dem dann noch Zeitschriften und andere wissenschaftliche Editionen kamen. 1924 führte dann Karl Rauch den Verlag im Sinne des Gründers fort. Und es gelang der Verlegerin Leiva Petersen, die in den letzten Kriegsjahren begonnene Schiller-Nationalausgabe auch über die Wirren der Nachkriegszeit im Verlage zu halten. Diese Ausgabe, während der Zeit der für viele schmerzlichen Abgrenzung immer als gesamtdeutsches Unternehmen geführt, ist so recht ein Dokument für das Wirken einer engagierten Verlegerin, deren Beitrag zur deutschen Kulturgeschichte nicht hoch genug zu rühmen ist.

Ausgerechnet Leiva Petersen mußte den Verlag 1978 – wirtschaftliche und politische Ursachen kamen zusammen – an die Akademie der Wissenschaften verkaufen. Sie leitete weiterhin engagiert die in Weimar ansässige Dependance des Akademieverlages und sorgte mit dem ihr eigenen Sachverstand, daß die Projekte des Böhlau-Verlages weiter befördert wurden.

Daß es ausgerechnet am Vorabend der deutschen Wiedervereinigung zum Verkauf des traditionsreichen Hauses an ein Sigmaringer Verlagshaus kam, hat für Weimar die segensreiche Wirkung, daß der Böhlau Verlag Köln, Weimar und Wien sich nun auch am Orte niedergelassen hat. Dessen Programm – historische Literatur, Regionalia und Wissenschaft, alles in einer durchaus attraktiven Mischung – verspricht eine sehr interessante Bereicherung der Weimarschen Verlags- und Literaturlandschaft.

Es ist sicher kein Zufall, daß es eine weitere Frau war, die für Kontinuität im guten Sinne in Weimar sorgte. Noa Kiepenheuer, die Witwe Gustav Kiepenheuers, der mit seinem Verlag vor 1933 der progressiven deutschen Gegenwartsliteratur eine Heimstatt war, arbeitete in Weimar bis zu ihrem Tode zu Beginn der siebziger Jahre an einem Verlagsprogramm, in dem vor allem Titel des deutschsprachigen und des ausländischen Erbes dominierten. Nach Verlagsprofilierung und dem Umzug des Kiepenheuerverlages nach Leipzig (dort wurde eine Gruppe aus vier mit dem Erbe befaßten Verlagen gebildet), blieb in Weimar eine Adresse. Das Programm, das Kiepenheuer bot und heute noch bietet, hätte, so meine ich, und ich sage es jetzt sehr verknappt, Harry Graf Kessler gefallen.

Nach dem Kriege war es in Weimar ein Kinder- und Jugendbuchverlag, der Knabe-Verlag, dem es mit einer gelungenen Mischung aus Titeln des Erbes und Neuentwicklungen (viele Autoren der DDR debütierten in diesem Verlag) gelang, sich einen festen Platz im Bewußtsein und in den Bücherschränken junger Leser zu schaffen. Der dem klassischen Weimar verpflichtete Autor Hans-Joachim Malberg (1896-1979) war es vor allem, der das editorische Programm entwickelte, das mühelos die guten Traditionen der deutschen Verlagsgeschichte fortsetzte.

Es ist kein Ruhmesblatt für die damals verantwortlichen Kulturpolitiker Weimars, daß man nach dem Tode Malbergs und dem der Eigner das Programm an einen Hallenser Verlag vergab und damit auf den traditionsreichen Namen Knabe verzichtete.

Neue Literatur und Erbe waren in einem Programm vereint, das der Thüringer Volksverlag, eine KPD-Gründung, von 1949 an in Weimar anbot. Dem Beginn, an dem die Publikation von Formularen und auch Musikalien stand, folgte bald eine intensive Programmarbeit. Junge Autoren, vor allem aus dem Thüringer Raum, fanden hier Publikationsmöglichkeiten. Und es sind dem Verlag und seinen Mitarbeitern einige Innovationen, die heute noch auf dem Buchmarkt weiterwirken, zu danken.

So brachte der Publizist Walther Victor 1949 mit dem Goethe-Lesebuch das „Unternehmen Lesebuch" in Gang. Von manchen Wissenschaftlern in den ersten Jahren der manchmal subjektiven, manchmal willkürlichen Auswahl wegen gescholten, wurden die Lesebücher im Laufe der Jahre mehr und mehr qualifiziert und sind heute – integriert ins Programm des Aufbau

Taschenbuch Verlages – für Leser, die über einbändige „Werkausgaben" das Werk eines klassischen oder das eines modernen Autors kennenlernen wollen, nahezu unentbehrlich.

Zusammen mit den Nationalen Forschungs- und Gedenkstätten der klassischen deutschen Literatur in Weimar entwickelte der Thüringer Volksverlag auch die Bibliothek deutscher Klassiker, eine Bibliothek, die durchaus Gelegenheit bietet, in über 150 Bänden – die Arbeit an der Bibliothek dauert heute noch an – die besten Werke der deutschsprachigen Literatur zu erwerben. Es versteht sich, daß die über vierzig Jahre währende Arbeit an dieser Bibliothek auch interessante Zeugnisse des Zeitgeistes hervorbrachte, die einer eigenen Untersuchung bedürften und zugleich eine differenzierte Betrachtung verdienen. Durften in den fünfziger und sechziger Jahren zum Beispiel die Romantiker in den Bänden Bibliothek nur als verkappte Realisten stattfinden, wurde dieses Manko „schon" in den siebziger Jahren mit einem Erweiterungsprogramm behoben. Die Überarbeitung von Ausgaben – in der Regel werden sowohl neue Textzusammenstellungen wie auch neue Kommentare erarbeitet – steht auch heute noch auf dem Programm. Mit der Bibliothek der Antike – Ziel ist es, zitierfähige Texte in überarbeiteten klassischen oder auch modernen Übersetzungen zu bieten – „verabschiedete" sich der Volksverlag aus der Verlagslandschaft der DDR. Als die ersten Bände erschienen, wurde der Verlag vom Aufbau-Verlag Berlin, von 1964 an Aufbau-Verlag Berlin und Weimar, übernommen. Das Lektorat Deutsches Erbe und Antike, dem ich seit 1965 angehöre, arbeitete in Weimar bis zum Ende des Jahres 1990. Die Arbeit mit den vom Volksverlag übernommenen Reihen, die Fortführung im Aufbau-Verlag begonnener großer Werkausgaben, die Neukonzeption wichtiger editorischer Unternehmen – als Beispiele seien hier nur die Berliner Ausgabe der Werke Goethes, die der Werke Schillers, die Bettina-von-Arnim-Ausgabe und die einzelnen Abteilungen der großen, international geschätzten Fontane-Edition genannt – bestimmten einen großen Teil der Lektoratsarbeit. Daß dazu Taschenbücher, aufwendig gestaltete Einzeleditionen und vieles andere kam, möchte ich nur andeuten; eine ausführliche Würdigung aller Programmteile würde ausufern.

Die Initiativen und die Mühen aller an der Arbeit beteiligten Kollegen im Detail zu würdigen, wäre gerecht, richtig und wichtig. Hier kann dies nur pauschal geschehen, wie ich auch sechsundzwanzig Jahre Verlagspolitik in Weimar nur pauschal werten kann. Das begann ja sogleich mit den Auswirkungen des entsetzlichen elften Plenums 1965, dem folgenschwersten Versuch der SED, restriktiv gegen Künstler und Intellektuelle vorzugehen. Dieses war auszuwerten und zu diskutieren, wenngleich es natürlich nicht zuerst dem Erbe galt. In Weimar stand das Erbe, für die beamteten Politiker ohnehin Aushängeschild, naturgemäß mehr im Mittelpunkt – und dazu hat sich Bernd Leistner einschlägig geäußert. In diesem Kontext sind unsere Bemühungen um das moderne Erbe – von Döblins November-Tetralogie bis zu Thomas Manns „Betrachtungen eines Unpolitischen", um auch hier nur zwei signifikante Beispiele zu nennen – und auch die um das andere, das „ältere" Erbe zu sehen. Ja, für ein Dezennium, die siebziger Jahre nämlich, wurde auch das neue Erbe (so nannten wir die toten Dichter unseres Jahrhunderts, wenn die Witwen nicht in der Nähe waren) in Weimar betreut, doch bald wurde dieses Programmsegment wieder in Berlin bearbeitet und gepflegt.

Die Ereignisse des Herbstes 89 brachten nicht nur das Verschwinden der DDR mit sich, sie bewiesen auch in der Folge, daß die Legende vom Leseland DDR im besten Falle ein Wunschbild war. Die Probleme, die sich deshalb für den Verlag, mit seinen Autoren, Rechten, Editionen im Wortsinne ein geistiges Zentrum, ergaben, waren nicht gering. Auch hier erspare ich mir Detailinformationen und bleibe bei Weimar und beim Thema.

Die Schließung des Lektorats, für die Betroffenen wie für die Stadt ein schmerzhafter Vorgang, bedeutet aber nicht das Aus für den Aufbau-Verlag in Weimar. Die Stadt ist daran interessiert, Aufbau weiter zu beherbergen, und will auch helfen, wo sie kann. Weimar wiederum ist für die Programmacher in Berlin unverzichtbarer Bestandteil, denn: mit Ausnahme der Literaturwissenschaft (auch dies ein Verlust) folgt der Verlag weiter den Programmlinien, denen er seinen internationalen Ruf verdankt.

Zudem gibt es in Weimar traditionell viele Leute, mit denen der Verlag auch weiter zusammenarbeiten wird. Daß Sie mich zu diesem interessanten Symposium eingeladen haben, wage ich auch als vermehrtes Interesse am Aufbau-Verlag Berlin und Weimar, aber auch den anderen Verlagen Weimars, von denen die Rede war und sicher auch weiter sein wird, zu werten.

Ludwig Laher

Straßennamen, Eisenbahnen, Salzachstege, Festtagsmahnen

Salzburgs Schriftsteller im öffentlichen Raum

I

Fünftausendvierhundert Kilowatt Stundenleistung, bullige Erscheinung, aggressive Farbgebung, verkehrsrot heißt das im Fachjargon: *Ingeborg Bachmann* ist startklar, elf Uhr acht ab Salzburg Hauptbahnhof, durch die Tauern nach Klagenfurt und weiter, nein, nicht nach Rom, Wien Süd ist das Ziel.

Was hat Ingeborg Bachmann mit Salzburg zu tun? Genausoviel wie mit einer modernen Elektrolokomotive des Typs 1044 der ÖBB, einigen komfortablen Reisewaggons und einem Speisewagen, die alle zusammen sie ausmachen im Fahrplan: nämlich nichts. Daß die Bachmann auch mit Klagenfurt nicht mehr viel zu schaffen haben wollte, paßt dagegen eher zu unserem Thema.

Steigen wir also aus aus ihr in Wien, schauen wir in diesen Novembertagen 1991 auf einen Sprung beim Internationalen PEN-Kongreß vorbei, der auf seiner Einladung, wohl die Idee seiner österreichischen Proponenten, mit dem Bildnis des bedeutenden Schriftstellers Wolfgang Amadeus Mozart wirbt, fahren wir tags darauf vom Westbahnhof zurück in die Mozartstadt, nehmen wir *Karl Heinrich Waggerl*.

Wäre *Waggerl Bachmann*, käme er wenigstens in seiner Geburtsstadt Gastein vorbei. Eine Schnellfahrstrecke über Wagrain, wo der filigrane Meister der leisen Töne so lange gelebt und geschaffen hat, ist auch den kühnen Planern der Neuen Bahn bisher noch nicht in den Sinn gekommen. Am Hauptbahnhof in Salzburg muß er sich dennoch nicht fremd vorkommen, hatte er doch einst hierorts die Leitung der Reichsschrifttumskammer inne und begleitete er doch später quasi institutionalisiert viele Touristen und vergleichsweise wenige Einheimische durch die stillste Zeit im Jahr, durch den Salzburger Advent.

Mit penetranten Sätzen forderte der alte Waggerl, gemeint ist der frühe, 1938 die Ankunft des Herrn aus Braunau, dem er *die hinreißende, die befreiende Kraft einer wahrhaft großen Menschlichkeit* zuordnete, warb er um ein Ja für den Anschluß und frug er rhetorisch: *Wo ist der Deutsche, der in einer solchen Stunde versagt?*

Und weil Herr Waggerl nach dem Krieg nicht als Versager dastehen wollte und kein Wort des öffentlichen Widerrufs fand, ist es wahrhaft unbillig, ihn innerösterreichisch durchs Salzachtal nach Innsbruck zu schicken, während ausgerechnet *Hugo von Hofmannsthal* Salzburg Richtung Reich, Endbahnhof Stuttgart, passiert.

Stellen wir einmal die grundsätzliche Frage nach dem Sinn und Geschmack solcher Auszeichnungen hintan, ein Eurocity *Jura Soyfer* etwa kommt nicht durch Salzburg, vorstellbar auf dem symbolischen Weg in die rettende Schweiz. Das alte sozialdemokratische Paradepferd Eisenbahn hält es lieber mit den Reichsschrifttumswarten als mit den im KZ umgekommenen Redakteuren ihres ehemaligen Zentralorgans, das uns auch für immer verlassen hat in diesem November 1991, weil es, die Kronen Zeitung muß es ja wissen, justament gegen die Haltung seiner Leser in puncto Ausländer geschrieben und sein zahlendes Publikum somit verloren hat.

II

Was hat das mit Salzburg zu tun? Nach vier Jahren Spießrutenlaufen wird im November 1991 das Mahnmal für vierhundert Opfer der Nazi-Euthanasie enthüllt, tief drin in einem öffentlichen Park der Stadt, an einem Platz ohne jeden Bezug zu den Untaten. Hier kommen kaum einschlägige Patienten vorbei; im Park der Landesnervenklinik ließ sich das Ding nicht aufstellen, von wegen Vertrauensverhältnis Ärzte und Kranke. Hier kommen kaum Kirchgänger vorbei; vor dem Franziskanerkloster, dem ehemaligen Gestapo-Hauptquartier, ließ sich das Ding nicht aufstellen, von wegen fehlendem Verständnis der Gottesdienstbesucher. Hier gibt es keine Anrainer; vor dem einstigen Gauamt für Volksgesundheit ließ sich das Ding nicht aufstellen, die Bewohner der Straße revoltierten.

Was lernen wir daraus? In dieser Stadt gibt es eine sensible Öffentlichkeit, es wird mit Argusaugen darüber gewacht, was ausgesagt wird durch ein Denkmal, eine Tafel, ein Schild im öffentlichen Raum. Es gibt Politiker, die allen nach dem Mund reden, für den Kameradschaftsbund die richtigen Worte finden und für den Stefan-Zweig-Kongreß, die heute beschließen, was sie morgen verwerfen, und, wenn es eng wird, doch zumeist auf seiten des gesunden Volksempfindens stehen, bar jeder Scham für ihr Tun.

Im Jahr 1988 waren es Literaturwissenschaftler und Schriftsteller, die den Gemeinderat dazu zwangen, sich mit einer Reihe von Straßenbenennungen zu beschäftigen, die bis weit in die 70er Jahre von denselben Volksvertretern beschlossen worden waren. Musiker, Bildende Künstler und Autoren, die sich in ihren Arbeiten oder als Person zweifelsfrei auf die Seite der Unmenschlichkeit gestellt und später nie davon distanziert hatten, waren solcherart geehrt worden.

In einem einzigen Fall entschloß sich das Stadtparlament, Straßenschilder auszuwechseln. Augustin Ableitners 1939 veröffentlichte Verse *Dachau ist eine zünftige Gegend/und sehr gesund, appetiterregend./Die schöne Aussicht kommt denen zustatten,/die früher mal keine Einsicht hatten*, wiewohl nur Spitze eines Eisbergs, wogen denn doch zu schwer, um auf den vielen Verdiensten des Autors beharren zu können.

Dennoch, der Leitartikel einer Salzburger Zeitung stellte klar, daß die Täter die Opfer waren, worüber sich diskutieren hätte lassen, wären nicht neue Täter bereits gefunden worden: *Über Springenschmid, Ableitner und Pert Peternell scheint das Urteil schon gefällt. Ihre Grabesruhe wird von den neuen Hexenjägern gestört, sie können von Glück reden, wenn nicht auch ihre Grabsteine der neuen Entnazifizierung zum Opfer fallen. (...) Niemand erhebt sich zu ihrer Verteidigung, sie selbst sind hilflos, weil tot. Ihre Richter haben aus der Geschichte viel gelernt, vor allem aus der Geschichte jener Regimes, die mit Umbenennungen von Straßen ihre illiberale Haltung für alle Welt deutlich machten.*

Die Leserbriefspalten der Zeitungen quollen über von der angemahnten Liberalität, die große Mehrheit derer, die zur Feder griffen, schloß sich inhaltlich im wesentlichen einem Landtagsabgeordneten an, der formulierte: *Die von perspektivearmen Historikern und von ideologisch getrimmten Germanisten betriebene ,Bilder-', genauer gesagt, ,Schilderstürmerei' erinnert schön langsam an die chinesische Kulturrevolution.*

Und der Bürgermeister von Salzburg faßte stadtmännisch zusammen, *daß eine demokratische Gesellschaft mit Straßenumbenennungen äußerst vorsichtig verfahren und daher nur in dem krassen Fall Augustin Ableitner die Benennung zurückgenommen werden sollte.* Und feierlich erklärte eine Gemeinderatsfraktion: *Straßenbenennungen stellen nämlich einen Teil der Geschichte einer Stadt dar. Eine Änderung sollte daher grundsätzlich nicht erfolgen.* Drei Jahre später stimmte dieselbe Gruppierung begeistert zu, daß der Siegmundsplatz im Herzen der Stadt auf den Namen des frühen und illegalen NSDAP-Mitglieds Herbert von Karajan umbenannt wurde, dessen steile Karriere während der großen Barbarei einen entscheidenden Aufschwung nahm.

Derlei metropolitanische Schild-Bürger-Streiche beseitigen jedenfalls die letzten Zweifel. Keineswegs geht es um das Bekenntnis zur Geschichte in ihrer Gesamtheit, ein Argument, das an sich durchaus erwägenswert ist. Es ist schließlich vorstellbar, den Straßenschildern Tafeln hinzuzufügen, etwa mit Ableitner-Versen über die zünftige Aussicht im KZ und des Bürgermeisters Eingeständnis, man habe 1975 dessen literarisches Schaffen ehren wollen, ohne zu wissen, was er geschrieben hat. Ganz allgemein wäre der volksbildnerische Wert eines solchen Konzepts beachtlich. Am Anfang der Christian-Doppler-Straße ließe sich der nach ihm benannte physikalische Effekt darstellen, und ob sich die Theodor-Körner-Straße auf den österreichischen Bundespräsidenten oder den schwärmerischen Dichter der Befreiungskriege bezieht, vielleicht sogar praktischerweise auf beide, es ließe sich an Ort und Stelle erläutern. Aber von ergänzenden Tafeln, davon wird noch die Rede sein, will das offizielle Salzburg nichts wissen.

Um es dennoch möglichst allen recht zu machen und dem Eindruck vorzubeugen, Schriftsteller, die von den Nazis verfolgt wurden, würden keinesfalls in den öffentlichen Raum übernommen, wurden an der Peripherie Jakob Haringer, Carl Zuckmayer und Erich Fried als Adressenspender verewigt, teils gegen den erbitterten Widerstand derer, die am Rande der neuaufgeschlossenen Siedlungsgebiete seit je wohnhaft, Anrainermitbestimmung gefordert hatten.

Es gibt meines Wissens keine Arbeit, die sich umfassend damit beschäftigt, welchen Diskurs die Plazierung eines, bleiben wir dabei, Schriftstellernamens im öffentlichen Raum hervorruft. Warum kommt überhaupt jemand auf die Idee, einen Zug *Karl Heinrich Waggerl* zu nennen? Der Generaldirektor der Österreichischen Bundesbahnen meint dazu erfreulich schlicht und offen: *Die Benennung von Zügen dient vor allem kundendienstlichen Zwecken, da sich Namen dem Gedächtnis leichter einprägen als Zugsnummern. Dem Reisepublikum wird dadurch die Orientierung im Fahrplan erleichtert.* Der Zweck heiligt bekanntlich die Mittel, und Ingeborg Bachmann, die ich noch lebend erinnere, scheu, zerbrechlich, zweifelnd, authentisch, sie kann sich nicht mehr wehren gegen die impertinente Geschmacklosigkeit, im Gedächtnis leichter haften zu bleiben als das Kürzel IC 595.

Wiener Neustadt in seiner nagelneuen Häßlichkeit, endlich Baden, dann wieder Wien, Südbahnhof. Südbahn. Das war eben die Bahn, die immer die ihre sein würde. (...), man kommt eben nur über eine ins Leben und über eine zurück. (...) Und während er im Telefonbuch blätterte und dann wählte, hätte er mit den Augen am liebsten den ganzen verunglückten Bahnhof noch einmal in Trümmer gelegt, damit ihm wieder einfiele, wie der Bau wirklich gewesen sein mußte, etwas Windiges, Schwarzes, etwas Bedrohliches, das einem den Atem gleich bei der Ankunft genommen hatte. (...) Denn dieser Südbahnhof war natürlich nicht der wirkliche Südbahnhof, (...).

III

Wenn jemand in Salzburgs wirklichem Hauptbahnhof, er hat überlebt, aus *Karl Heinrich Waggerl* steigt und zu Fuß jemanden in der Karl-Heinrich-Waggerl-Straße besuchen will, steht ihm seit wenigen Monaten Georg Trakl als Brücke zu Diensten. Der neue Salzachsteg erspart dem Gast einen zeitraubenden Umweg. Sage niemand, die Stadtväter und -mütter hätten sich nichts gedacht dabei! Es gebe, ließen sie verlauten, schon einen Mozart- und einen Makartsteg, mit Trakl habe die Kunststadt Salzburg nach Musik und Bildender Kunst auch der Literatur ihre Referenz erwiesen, brückenmäßig sozusagen.

Und weil Trakl bildlich gesprochen schon fast so lang tot ist wie Mozart und weil die unglättbaren Persönlichkeiten der Großen dieser Stadt grundsätzlich – aber diesmal wirklich grundsätzlich! – außen vor bleiben, um die Verwertung nicht zu beeinträchtigen, waren alle zufrieden mit dem schönen Traklsteg. Gleich neben dem Georg-Trakl-Haus in der Altstadt indes steht das Mozart-Denkmal auf dem Mozartplatz. Dort hat ein offensichtlich karriereüberdrüssiger Politiker im Frühherbst 1991 einen Künstler werken lassen, der die Statue des Meisters mit einem Gerüst, vollbehängt mit silbrig glänzenden Einkaufswägelchen, umgab. Und weil das Volksempfinden, dem die Entweihung Mozarts die Stimme raubte, auf tatkräftige Hilfe sogenannter Journalisten zurückgreifen mußte, die in der Kronen Zeitung täglich Skandal! plärrten und vor keinem Untergriff zurückschreckten, wollte der

Bürgermeister Mozart früher befreien als vereinbart. Als nicht wenige Salzburger Künstler dies durch eine Menschenkette rund um den Casus belli verhinderten, konnte man tags darauf im Massenblatt lesen, daß Szene-Promis wie H. C. Artmann sich unbotmäßig aufgeführt hätten. Er hätte sich das Volk gar nicht angehört, *denn Kunst verstehn nur Eingeweihte,/und das sind nur die Linken heute.* Und derselbe Verseschmied bediente die beschworene Volksseele: *Reaktionäre fänden's nett,/wenn Salzburg noch an Waggerl hätt.* Während der siebzigjährige Dichter und Weltmann H. C. Artmann, wohl auch weil vor dem Mozartdenkmal öffentlich vorgekommen, und zwar noch in Fleisch und Blut, als Szene-Promi tituliert wurde, nannte der Dichter der Kronen-Zeitung Waggerl bar jeder Ironie einen alten Meister.

IV

Eine Auszeichnung, vielleicht ein Literaturpreis, ein Ehrenbecher, die unvermeidliche Feierstunde. Die Festreden, Fotos mit Politikern, Kammerfunktionären, Adabeis. Versatzstücke des alten Rituals einer öffentlichen Würdigung. Es läßt sich beispielsweise feststellen, daß der Salzburger Schriftsteller Walter Kappacher den Preis der Salzburger Wirtschaft erhalten hat, daß Kappacher unter dem Titel *Touristomania* ein Buch veröffentlicht hat, in dem auf eine groteske Spitze getrieben wird, was derzeit auf allen grotesken Ebenen ohnehin schon Salzburger Alltag ist. Es läßt sich weiters feststellen, daß die Salzburger Handelskammer nach der Einrüstung des Mozartdenkmals folgende kulturpolitische Erklärung abgab: *Der Inhalt der Kritik – die vermeintlich schädliche und ungehörige Vermarktung des Genius loci – gehört schon längst zum abgestandenen Repertoire von Kulturschaffenden, die sich ihrerseits einen viel zu engen Kulturbegriff vorwerfen lassen müssen.* Was läßt sich daraus schließen?

Erstens: Die Weite des Kulturbegriffs wird in Salzburg durch die Handelskammer festgesetzt. Sie, die Weite, beinhaltet alle nur erdenklichen Formen der Popularisierung sakrosankter Opfer der Apotheose, sofern sie Profit abwerfen. Eng wird es für abgestandene Entäußerungen aus dem Repertoire sogenannter Kulturschaffender, die den weiten Kulturbegriff torpedieren wollen.

Zweitens: Zu unterscheiden sind die kritischen Hervorbringungen nach der Öffentlichkeit, die tangiert wird. Arbeiten des Herrn Kappacher mögen sogar ein winziges Segment der an Salzburg Interessierten zufriedenstellend bedienen, jenes der Nörgler, und vor dem Einschlafen, mein Gott, wen stört's. Die negative Wirkung ist vernachlässigenswert. Ein Preis, die Liberalität der Salzburger Wirtschaft dokumentierend, ist anzuraten, auch wenn kurz darauf *Touristomania* erscheint. Dagegen ist eine aktionistische Umgestaltung hunderttausendfach fotografierten öffentlichen Gutes wie des Mozart-Denkmals höchst verwerflich. Scharfe Geschütze werden in Stellung gebracht.

Drittens: Bis nach Salzburg hat sich das postmoderne Credo, daß alles geht, daß Negativwerbung immerhin Reklame ist, billiger und auffälliger als betuliche Kampagnen der Fremdenverkehrswerbung, noch nicht wirklich herumgesprochen. Hier hat eine Aktion wie jene der ‚Mozart-Verschandelung' noch ihre beinahe altertümliche Wirkung auf die Gralshüter: Ihr verschreckt's die Leut, die zahlenden, die Touristen!

Viertens: Wegen drittens bleibt der Schulterschluß zwischen Wirtschaft und empörtem Volk bislang ohne Bruchstelle. Als dessen publizistisches Sprachrohr mit unfreiwilliger, aber umwerfender Komik einen anonymen Touristen aus der Menge um das Mozart-Denkmal zerrte, der Weltstädte miteinander in Beziehung setzte, ohne je Spitting Image gesehen zu haben, machte zustimmendes Nicken beim Frühstückskaffee die Runde. In tadellosem Deutsch, entsetzt, wie die Bewahrer journalistischer Seriosität wissen ließen, äußerte der gute Mann: *In London ist sicher viel möglich, aber bei einer solchen Verunglimpfung einer berühmten Persönlichkeit würde der zuständige Politiker zum Rücktritt gezwungen.*

Als 1842 ebendieses Mozart-Denkmal in Anwesenheit beider Söhne des Komponisten aufgestellt wurde, notierte Eduard Hanslick: *Wie hat Mozarts Standbild in Salzburg, unähnlich in den Gesichtszügen, unmalerisch in der Stellung, kleinlich im Totaleindruck, widerstimmend dem Charakter der freundlichen, bergumkreisten Stadt, wie hat es so gar wenig innern Bezug zu dem, was uns ‚Mozart' bedeutet!* Mittlerweile ist das Monument heilig, und weder die Mozartkugel noch ihr sinnfälliges Pendant, den Champignon mit dem Namen unseres Wolferl trifft der Bann derer, die im Angesicht von gestapelten Einkaufswägelchen den Untergang des Abendlandes befürchten und ihm zu wehren die Todesstrafe für den Schänder zumindest in Erwägung ziehen, vor laufender Kamera.

V

Hundert Meter entfernt, auf dem Residenzplatz, brannten 1938 die Bücher. Es galt nachzuholen, was im Reich schon einige Jahre früher erledigt worden war. Der Flamme wurde übergeben, was unbotmäßig oder rassisch minderwertig war an Geschriebenem. Und ein Schriftsteller hatte die Leitung des Spektakels inne, Karl Springenschmid, dessen Werke auch heute nicht selten über den Ladentisch gehen, der immer noch Verteidiger hat, wie das Zitat weiter oben beweist, immer noch Opfer ist. Springenschmid war zudem Leiter des Salzburger Schulwesens und des NS-Lehrerbundes, und seine Beurteilung, was Kultur und Unkultur sei, gewann in der Öffentlichkeit auch aus diesem Umstand Autorität.

In einem Klima, das wir heute europaweit vorfinden, scheint übrigens der derzeitige Präsident des Landesschulrates Salzburg schlecht beraten, ausgerechnet der Kronen Zeitung gegenüber eine Erklärung abzugeben, in welcher er der temporären künstlerischen Umgestaltung des Mozart-Denkmals Unkultur zuspricht: *Für mich ist das nicht Kultur, sondern Aktionismus.* Diese nicht dementierte Äußerung verrät einerseits etwas über den Kulturbegriff der österreichischen Schule und mithin vieler ihrer Absolventen, andererseits nicht das geringste Gespür dafür, als politischer Funktionär, der Gerhard Schäffer auch ist, und Lehrer wider die Diffamierung und Vogelfreisetzung von unliebsamen Zeitgenossen stehen zu sollen.

VI

Thomas Bernhard erzählt uns, daß sein Großvater, der Schriftsteller Johannes Freumbichler, erst nach der Drohung seines Sohnes, *er werde die schon in fortgeschrittener Verwesung befindliche Leiche seines Vaters, meines Großvaters, weil sie in keinem katholischen Friedhof der Stadt angenommen worden sei, weil er ja nicht wisse, wohin mit der Leiche seines Vaters, ihm, dem Erzbischof, vor die Palasttüre legen,* im Stadtteil Maxglan 1949, vier Jahre nach den letzten Massengräbern, eine Ruhestätte gefunden hat.

Die Leiche des Schriftstellers im öffentlichen Raum, das war denn doch zuviel. Bezeichnend ist hingegen, daß nicht die Texte Freumbichlers dem Toten die Unterwelt versperrten, sondern die schlichte Tatsache, daß er nicht kirchlich verheiratet gewesen war. Heute ist Freumbichlers Grab, Sie haben es erraten, ein Ehrengrab, das einzige auf dem Maxglaner Friedhof, und den Johannes-Freumbichler-Weg gibt es selbstredend auch.

1954 notierte Thomas Bernhard: *Wer will, kann im Café Mozart seinen Schwarzen trinken, im Hotel Mozart schlafen, im Mozart-Bad seine Füße waschen und im Mozart-Kino Ingrid Bergmann oder das Hannerl Matz anschauen. (...) Sein Name braust jeden Tag von Wien über Salzburg nach Brest: Mozart-Expreß. (...) Vielleicht schriebe er neuerlich einen Brief, diesmal aus Salzburg: „Ich bin noch ganz voll Galle!"*

VII

Es wird Zeit, Beziehungen herzustellen. Etwa zwischen Freumbichlers Leiche und dem Katholizismus, der den Geist der Stadt immer noch im Griff hat, oder zwischen Georg-Trakl-Steg und seinem Nachbarn, dem Pioniersteg, der *an der Stelle des ehemaligen Wasserübungsplatzes der Salzburger Pioniere „Pioniere wie immer"* errichtet wurde. Zwischen Georg-Trakl-Brunnen und -Preis vielleicht, oder zwischen der Salzburger Synagoge und der Stelzhamer-Straße, die vorbeiführt.

Voll Galle war er gewesen, schreibt Bernhard, schrieb Mozart, als seine fürsterzbischöfliche Gnaden ihm mit einer Fluchorgie die Tür gewiesen hatte. Ob in ihrer barocken und sinnenfreudigen Variante, ob in jener hohlen, dumpfen und paragraphenreiterischen, der sie Trakls Gedicht *Die tote Kirche* und die Drohung des Onkels von Thomas Bernhard verdankt, die katholische Kirche hat stets eifrig mitgebastelt an den gesellschaftlichen Verhältnissen hierzulande, an dem, was öffentliche Meinung war und veröffentlichte. Ein Blick in die Leserbriefspalten der Salzburger Nachrichten genügt: Nichts erregt die Gemüter so sehr und so regelmäßig wie die meist peinlichen Äußerungen des amtierenden Primus Germaniae und Kritik an denselben. Mit Leidenschaft wogt es auf geduldigem Zeitungspapier hin und her, auf verlorenem Posten steht der gnädige Mantel des Schweigens.

Erschreckt zeigt sich der Erzbischof natürlich auch über das, was heute als Kunst und Kultur angeboten wird, und von wegen Gottlosigkeit ist die Kultur zu einem Abfallhaufen mutiert, meint er. Selbstverständlich mutiert in so einem Ambiente ein öffentlich Einkaufswägelchen schützender, erwiesen unkatholischer H. C. Artmann zum linken Abfall. Und über die breiten Schultern der Allianz aus Wirtschaftslobby, Billigjournalismus und erzreaktionärem Katholizismus weht er hin, der Geist dieser Stadt, nicht so selbständig und ideal, mehr nach Art des Homunculus.

Die Politik setzt Zeichen dagegen. Da sind, wie gesagt, Ehrengräber im Repertoire oder Ehrenbecher, Gedenktafeln, Denkmäler, Brunnen, Straßen, Wege und Stege. Also Trakl-Steg, damit niemand sagen kann, Literatur nicht, wo doch Mozart und Makart längst. Die beiden sind indes weit entfernt salzachaufwärts anzutreffen, Nachbar Trakls ist der Pioniersteg, und der bedient ein anderes Segment der Klientel in dieser Stadt voller Kasernen, damit niemand sagen kann.

Siebzig wäre Trakl 1957 geworden. Im Hof des Finanzamtes wurde ein Georg-Trakl-Gedächtnisbrunnen enthüllt, der Bildhauer bezog sich auf Trakls Gedichte um den Knaben Elis. Liselotte Eltz-Hoffmann sieht die Arbeit so: *Meisterhaft ist das Orphische und Traumhafte der Trakl'schen Jünglingsgestalt in der Verhaltenheit der Figur wiedergegeben, die versonnen auf das zart bewegte, grünlich schimmernde Wasser zu ihren Füßen niederschaut, als blicke sie „in der Seele dunklen Spiegel". (…) So ist dem Schöpfer dieses Brunnens mit dieser Gestaltung eine künstlerische Verwandlung gelungen, die das Wesen des Dichters und seiner Verse auf anderer Ebene spiegelt.*

Das mag sein. Auch ich meine, „in der Seele dunklen Spiegel" zu blicken, wenn ich daran denke, daß 1957 auch der Georg-Trakl-Preis verliehen wurde. Verliehen an Erna Blaas, deren Gesamtwerk die ersten Jahre nach dem Krieg auf Geheiß des Unterrichtsministeriums verboten war wegen unverhohlener NS-Propaganda in Wort und Schrift. Verliehen vom Land Salzburg für ebendieses Gesamtwerk, gereinigt mittlerweile, notdürftig geglättet. Verliehen von einer Jury, in der der Obmann der Reichsschrifttumskammer saß, Karl Heinrich Waggerl, da ist er wieder.

Waggerl bevölkert das Straßenverzeichnis wie Stefan Zweig oder Franz Karl Ginzkey, Pert Peternell oder Jakob Haringer. Es ist die öffentliche Körperschaft, die ihn verwaltet, den öffentlichen Raum. Mit toten Schriftstellern kann verfahren werden wie mit allen anderen Toten, die herausgehoben werden müssen aus der Menge. Ein großer General war eben groß wie ein großer Pazifist, ein synagogenzerstörender Fürsterzbischof hat Großes gebaut, und bekanntlich waren Josef Thoraks Naziskulpturen gerne groß.

Die Stelzhamer-Straße führt nur wenige Meter an der Salzburger Synagoge vorbei. Wollen Sie wissen, was der als leut- und rührseliger Mundartdichter bekannte Wahlsalzburger über die Juden geschrieben hat?

Kein Volk der Erde hat nach seinem politischen Ableben mit einer solchen

Zähigkeit ja völligen Unumbringbarkeit fortgedauert, wie der Jude. Wo ist die
Blüthe der Menschheit, der edle Grieche, wo ist die Kraft der Menschheit, der
riesige Römer? (...) Der Jude, der so großes nie gethan hat – etwa, weil er es
nicht gethan hat? – besteht. (...) In alle Welt zerstreut, schlingt er sich, bald
dünner, bald breiter, immer aber in innigstem Zusammenhang in fast uner-
forschlichen Windungen und Krümmungen, ein R i e s e n b a n d w u r m, um
die Ernährungsorgane eines jeden kultivirten Staatskörpers, und wie oft man
ihn auch abzutreiben versucht hat, man gewann, nicht so glücklich wie beim
kleinen im menschlichen Körper, bis jetzt nur größere oder kürzere Stücke, nie
aber den Kopf selbst. (...) Die Völker ringen um Vorrang und Macht, die Völker
wetteifern in Kunst und Wissenschaft, in Entdeckung und Erfindung, die Völker
opfern Gut und Blut für Fürst und Vaterland; der Jude sieht zu, zufrieden, daß
er heut oder morgen, da oder dort seinen Bandwurmrüssel, gleichviel, an die
offene Wunde, oder an die Errungenschaft anlegen kann und – s a u g e n.

Da mochte ein Mendelssohn-Bartholdy gerade fünf Jahre tot sein, ein im
Vergleich zu Stelzhamer lächerlicher Schreiberling wie Heinrich Heine
noch vier Jahre zu leben haben, es ficht ihn nicht an, den größten süddeut-
schen Mundartdichter. Mit seiner aparten zoologischen Metaphorik
schlingt er sich in meine Gehirnwindungen, wenn ich an der Ecke vorbei-
gehe, ein Straßenschild des kultivierten Staatskörpers im Auge und den
Polizisten mit Waffe im Anschlag vor dem israelitischen Tempel, die völlig
Unumbringbaren zu schützen.

Muß ich mir das gefallen lassen? Müssen sich denkende Menschen, die
eine Adresse suchen, solches gefallen lassen? Müssen gelangweilte Volks-
vertreter es sich gefallen lassen, Straßen nach Menschen zu benennen, die
berühmt, zumindest verdienstvoll und ihnen völlig unbekannt sind?

Da wäre aber noch das Argument des Bundesbahngeneraldirektors.
Franz-Stelzhamer-Straße merkt man sich leichter als 42nd Street. Und wer
je die Finkenstraße mit der Schwalbenstraße verwechselte, die ja eine Quer-
straße der Drosselstraße ist, wird sich prinzipiell ebenfalls überzeugen lassen: Personennamen unterscheiden sich trefflich. Nur gibt es von denen
ohnehin jede Menge im Telefonbuch. Man könnte sogar welche erfinden.
Jede Übereinstimmung mit lebenden Personen ist zufällig und unbeabsich-
tigt.

VIII

Aber das ist Utopie. Vielmehr werden noch heute martialisch bedichtete Kriegerdenkmäler wie jenes im Zentrum des Kommunalfriedhofs vom Bürgermeister mit Zähnen und Klauen vor Bilderstürmern geschützt, die gern eine Zusatztafel angebracht hätten, daß da einmal eine Zusatztafel angebracht worden ist, die Anton Pichlers fürchterliches Gedicht noch fürchterlicher erscheinen läßt, weil es plötzlich auch für die Toten von Weltkrieg zwei geschrieben scheint: *Von Sonnen gesegnet,/von Nächten betaut,/von Bergen gehütet/muttertraut,/umsungen von Amseln/zur Frühlingszeit/ruht aus, liebe Helden,/nach hartem Streit.//Es rief euch die Scholle,/die Wiege euch war,/da tratet ihr vor/bis zum Opferaltar/und schenket für uns/euer heiligstes Gut,/im Becher des Todes/euer Heldenblut.//Halte Einkehr, wer immer/diesen Hügeln sich naht,/denn hier ruft die Heimat:/Sei auch du Mann der Tat!/Ist jeder ein Stück nur/diesen Helden gleich,/dann bau'n wir ein/glückliches Oesterreich!*

Auch dies ist ein Salzburger Schriftsteller im öffentlichen Raum, und diesfalls darf sogar sein Werk dort wirken. Priester war er, und schon 1917 belief sich seine Gesamtauflage dank populärer Werke wie *Katholisch ist gut leben und sterben* oder *Im Kampf ums Vaterland* auf zweihunderttausend Exemplare. Wie gut paßt dieser Mann hierher, von dem es in einer zeitgenössischen Literaturgeschichte heißt, daß er es vermag, *seiner Harfe besonders zarte und auch wieder kräftige Töne zu entlocken, wenn er sie für Religion und Vaterland anstimmt.*

Und so gipfelt Pichlers Botschaft in Versen wie diesen: *Mit reinen Händen trug er das Schwert,/Er ist reiner Hände Segen wert.* Nein, der eigentliche Gipfel ist die Salzburger Landeshymne *Land uns'rer Väter* aus der Feder des Kanonikus, inbrünstig und mit wenig Textkenntnis gesungen bei einschlägigen Anlässen, offiziellen, weihevollen, identifikationsfördernd, wenn auch die Grammatik der deutschen Sprache torpedierend: *Und wenn die Glocken den Reigen beginnen rings von den Türmen vergangener Zeit,/schreitet durch einsamer Straßen Sinnen Mozart und seine Unsterblichkeit.*

Das ist Salzburg, dazu kann man sich bekennen, muß sich auch der Landtag gedacht haben, als er 1929 aller Welt zeigen wollte, daß solche Zeilen nicht zu komplex und zu korrekt sind für ein kulturelles Hauptquartier Europas, daß sein Autor nicht zu katholisch und kriegsverherrlichend ist für dieses Land. Und erstmals gesungen wurde das Werk bei der Enthüllungsfeier des Kriegerdenkmals auf dem Kommunalfriedhof: Anton Pichler total.

IX

Nun ließe sich in der Tat eine Präsenz von Schriftstellern im öffentlichen Raum vorstellen, die der unsäglichen Peinlichkeiten entbehrte, die hier angedeutet wurden. Schließlich müßte die öffentliche Hand ein Interesse daran haben, daß mehr Menschen die Hervorbringungen der Künstler registrieren, für die Ehrenbecher bereitstehen und eine Infrastruktur, der öffentlich subventionierte Literaturbetrieb.

Wenn etwa der Kritiker der Salzburger Nachrichten anläßlich der Besprechung eines Jakob-Haringer-Programms beiläufig davon schreibt, man sei mit einem Dichter bekannt gemacht worden, den die meisten wohl nur von Gedichtplakaten in den öffentlichen Verkehrsmitteln der Stadt kennen, so kann er immerhin den Begriff ‚die meisten‘ gebrauchen und sich überdies an Leser wenden, die nicht dem kleinen Kreis der Literaturinteressierten angehören. Ein Gäßchen hinter dem Milchhof im Stadtteil Itzling, nach Jakob Haringer benannt, läßt die meisten – um bei der Formulierung zu bleiben –, die das Schild wahrnehmen, sofern sie überhaupt einen Gedanken verschwenden, wahrscheinlich verdienstvolle Bierbrauer, Bürgermeister oder sonstwen assoziieren, und damit hat sich's. Die – im übrigen von Schriftstellern selbst angeregte und betreute – Initiative, Literatur im öffentlichen Raum der Busse zu präsentieren, leistet da schon mehr.

So sind jene schlichten Steintafeln, auf denen irgendwo in dieser Stadt unvermittelt ein Gedicht Trakls auf den Ortsunkundigen stößt, die am meisten gelungenen Zeugnisse einer wahrhaft öffentlichen Wahrnehmung. Wer die vielen Stufen am Festspielhaus hinauf hinter sich gebracht und zwischen den beiden alten Kastanien im Herbstlaub stehend gegen Abend auf die Dächer hinabblickt, der mag mit den hinter ihm angebrachten Zeilen von Trakls *Am Mönchsberg* wirklich etwas anzufangen wissen.

Die Abgeschiedenheit des Ortes tut hier nichts zur Sache, und niemand käme auf die Idee, man wollte sich diskret einer Auseinandersetzung mit dem entledigen, den zu würdigen man vorgibt. Allenfalls mag es zu denken geben, daß nur jene Seite Trakls dermaßen präsent gehalten wird, die dem nicht zuwiderläuft, was das öffentliche Salzburg für vorzeigbar erachtet.

X

Gegenüber, nach Bewältigung der Imbergstiege, bietet sich vom Kapuziner-berg ein mindestens ebenso schöner Blick auf Salzburg. Hinter einer Kurve neben dem Kloster steht seit einigen Jahren das Denkmal Stefan Zweigs. Zenzmaiers Arbeit beschränkt sich auf den Kopf und eine Hand des Autors. Fein säuberlich auf dem Sockel befestigt, wirken sie wie abgerissene, ausge-franste Fragmente eines Körpers, und so ein Fragmentierter war Stefan Zweig ja wohl auch im südamerikanischen Exil. Nicht einmal von den im engeren Sinn literarisch Interessierten hierzulande kennen viele dieses Denkmal. Zwar steht Stefan Zweigs Haus nicht weit weg vom Aufstellungs-ort, aber seltsam deplaziert in diesem Ambiente zahlreicher traditioneller katholischer Versatzstücke wirkt das kantige Werk. Und hinten, an der Mauer, steht, daß der Schriftsteller bis 1934 hier lebte. Das stimmt schon, aber selbst eine so lakonische Mitteilung kann zum Euphemismus werden.

Leicht begründbar, gut vermarktbar, hinreichend planbar, Anlaßkultur ist in wie nie. 1992, das ist höheren Orts beschlossen worden, hat ein Stefan-Zweig-Jahr zu sein. Und dessen Höhepunkte sind ein großer internationaler Stefan-Zweig-Kongreß, die Gründung einer Stefan-Zweig-Akademie und eines Stefan-Zweig-Literatursalons. Heimgeholt wird er, der Emigrant, der in Brasilien 1942, damit wir rechtzeitig fünfzig Jahre Selbstmord feiern kön-nen, nicht mehr wollte wie Jean Amery 1978 in einem Salzburger Nobel-hotel.

Es ist nur so eine Idee. Könnte nicht am Salzburger Hauptbahnhof, gut einsehbar für Einheimische und Touristen, eine Steintafel in der Art derer mit Traklgedichten angebracht werden, auf welcher einige Sätze Stefan Zweigs nachzulesen sind? Sollten Zweig-Zelebranten, die vielleicht im Reichsschrifttumskammerobmann *Karl Heinrich Waggerl* anreisen, nicht auch dort der Enthüllungsrede eines mutigen Politikers lauschen dürfen, wo sie doch bei den Banketten und Empfängen in Salzburger Schlössern so viele mahnende und erbauliche Worte zu verdauen haben werden? Sollte der Provinzialität, Fassadenhaftigkeit und dumpfen Aggressivität dieser schönen Stadt, die ungebrochen nachzuweisen sind, nicht ein Denk-Mal gesetzt werden? Wäre dies nicht ein mustergültiger Akt der Transformation von Literatur aus Insiderzirkeln in den öffentlichsten aller Räume, den Bahnhof? Und wären nicht folgende erklärende Worte vor Zweigs Sätzen angebracht?: Stefan Zweig fuhr nach einem letzten Besuch bei der Mutter auf der Flucht vor den Nazis von Wien ins britische Exil.

An Salzburg, wo das Haus stand, in dem ich zwanzig Jahre gearbeitet, fuhr ich vorbei, ohne auch nur an der Bahnstation auszusteigen. Ich hätte zwar vom Waggonfenster aus mein Haus am Hügel sehen können mit all den Erinnerungen abgelebter Jahre. Aber ich blickte nicht hin. Wozu auch? – ich würde es doch nicht wieder bewohnen.

Gert Kerschbaumer

Der abgezweigte Weg

Eine nationale Burleske

Vorspiel auf dem Kapuzinerberg – Villa in Europa

DIE AMERIKANERIN Ich möchte wie einst Stefan Zweig auf dem Weg zum Paschingerschlößl spazieren.

DER SCHWANTHALER Ich warne Dich. Eine Spurensuche bekommt einem nicht gut – in dieser Stadt.

DIE AMERIKANERIN Es war der Wohnsitz Stefan Zweigs, ein Treffpunkt der internationalen Prominenz: Thomas Mann, James Joyce, Arturo Toscanini, Paul Valery und Romain Rolland – Villa in Europa.

DER SCHWANTHALER Den Stefan Zweig-Weg könnten wir laut Stadtplan von der Linzergasse aus erreichen.

DIE AMERIKANERIN Falls Dein Stadtplan stimmt. In Amerika ändert sich jeden Tag etwas.

DER SCHWANTHALER Unbegrenzt sind hier die Möglichkeiten nicht.

DIE AMERIKANERIN Hier an der Abzweigung zum grünen Kapuzinerberg heißt es andächtig zu schauen: ein ovales Schild mit der Aufschrift Stefan Zweig-Weg, hier am Fuße ein einmaliges Schild.

DER SCHWANTHALER Einmalig, denn wie Du siehst, an den andachtheischenden Kreuzstationen, an diesem beschaulichen Kloster und an den wenigen Häusern Nummer eins bis sieben vorbei, entlang des vermeintlichen Stefan Zweig-Weges fehlt die Schilder-Ehrung. Obwohl interessiert und ortskundig, kann ich Dir den Grund für diesen ungewöhnlichen Sachverhalt nicht sagen. Er ist mir unbekannt.

DIE AMERIKANERIN Meine Neugier befriedigend: Es wäre der Stefan Zweig-Weg, hat die Pförtnerin im Haus Kapuzinerberg sieben gemeint. Wer im Haus Nummer fünf, in der Zweig-Villa wohnen tät, wüßte sie nicht. Aber gegenüber, auf der anderen Seite des Weges, beim Kloster, sozusagen abgenabelt, stünde ein Denkmal, eine Zweig-Büste. Wir hätten

sie übersehen. Verschmitzt gelächelt hat sie dabei aus unerklärlichen
Gründen.

DER SCHWANTHALER Da steht die Büste auf der anderen Seite des Weges,
quasi ausgegrenzt, außerhalb der Mauern, abgezweigt.

DIE AMERIKANERIN Heißt das, daß Zweig eine andere Richtung genommen
hat oder aus irgend einem Grund weggenommen worden ist?

DER SCHWANTHALER Was weiß ich. Erkennbar ist, daß der Dichter hin-
überblickt zur Nummer fünf, zu seiner ehemaligen Villa – wie auch
immer: fragend, vorwurfsvoll, verzeihend oder gleichgültig. Werfen wir
doch aus der Nähe einen Blick auf das Haus, falls Du Dich nicht vor den
Hunden fürchtest.

DIE AMERIKANERIN Hund hat keiner gebellt. Aber der irreale Satz scheint
hier zu Hause zu sein.

DER SCHWANTHALER Was wundert, beunruhigt oder schockiert Dich?

DIE AMERIKANERIN Das gespielte Unwissen. Ein Stefan Zweig hätte hier
keine Wohnung, als ob er als Untermieter in Frage käme. Allen Unbe-
kannten und Lästigen müßte der Weg versperrt werden – anklagende
Miene wegen Besitzstörung.

DER SCHWANTHALER Hier herrscht der Hauptbesitzwort-Stil.

DIE AMERIKANERIN Um Aufklärung bitte ich, warum dem Europäer Stefan
Zweig die Ehre des Nachruhms entlang den Kreuzen verweigert wird.
Diese Stadt scheint sich seit Zweigs Emigration und Tod wenig verändert
zu haben.

Stefan Zweig aus der Welt von Gestern: Ich hatte mir während des Krieges
in Salzburg ein Haus gekauft, denn die Entfernung von meinen früheren
Freunden wegen unserer gegensätzlichen Einstellung zum Kriege hatte in
mir das Verlangen geweckt, nicht mehr in den großen Städten und unter
vielen Menschen zu leben; meine Arbeit hat später auch überall Nutzen von
dieser zurückgezogenen Lebensform gehabt. Salzburg schien mir von allen
österreichischen Kleinstädten nicht nur durch seine landschaftliche, sondern auch durch seine geographische Lage die idealste, weil am Rande
Österreichs gelegen, zweieinhalb Bahnstunden nach München, fünf Stunden
nach Wien, zehn Stunden nach Zürich oder Venedig und zwanzig nach
Paris, also ein richtiger Abstoßpunkt nach Europa.

Die schwierige Heimkehr eines Toten

DIE AMERIKANERIN Ich erinnere mich an die Festspielrede des tschecho-
slowakischen Präsidenten und Dichters Vaclav Havel: Geschichtsfälscher
retten die Freiheit nicht, sondern bedrohen sie. Versuchen wir also, diesen so schwer geprüften Raum endlich nicht nur von seiner Angst vor der
Lüge zu befreien, sondern auch von seiner Angst vor der Wahrheit.
Schauen wir endlich aufrecht, ruhig und gespannt uns selbst ins Gesicht,
unserer Vergangenheit, Gegenwart und Zukunft. Aus deren Zweideutig-
keit gelangen wir nur dann, wenn wir sie begreifen.

DER SCHWANTHALER Angst in und vor der geschlossenen Gesellschaft, das
war ein Thema von Stefan Zweig.

DIE AMERIKANERIN Auch der Friede ist ein hervorragendes Thema: Zweigs
Stück Jeremias, ein tragisches Mysterium des Friedenskünders, behauptet eine österreichische Literaturgeschichte.

DER SCHWANTHALER Zweigs Jeremias ist einige Jahre nach dem Zweiten
Weltkrieg, während des Korea-Krieges in dieser Stadt auf die Bühne gestellt worden. Stefan Zweig war schon mehrere Jahre tot. Anläßlich seines 70sten Geburtstages ist er dem Theaterpublikum über die politischen
Mauern hinweg in Erinnerung gebracht worden.

DIE AMERIKANERIN Zweig war ein politisch unbequemer Schriftsteller.
Seine Erasmus-Biographie präsentiert einen streitbaren Friedensfreund,
einen Anwalt des humanistischen Ideals, der sich von den Heilslehren
seiner Zeit distanziert. Dahinter soll Zweigs Ablehnung des Faschismus
und Stalinismus zu erkennen sein. Auch Zweigs Castellio gegen Calvin
richtet sich gegen den Staatsterror unseres Jahrhunderts.

Ins Feuer werf ich das Buch von Stefan Zweig, daß es die Flammen fressen
wie alles jüdische Geschreibe. (Spruch eines Hitler-Jungen bei der Bücherverbrennung auf dem Residenzplatz 1938)

DIE AMERIKANERIN Auf dem abgezweigten Weg suchen wir Spuren. Traum
und Wirklichkeit würden in der Mozartstadt ineinander übergehen. Das
behauptet ein New Yorker Frauenjournal.

DER SCHWANTHALER Mönchsburg wollen wir die Traum- und Wirklich-
keits-Stadt nennen – nach dem grünen Hügel mit dem Bräustübl auf der

hinteren und dem Festspielhaus auf der vorderen Seite – jede mit ihrer Kultur.

(Die beiden Zweig-Spurensucher, kaffee- und ruhebedürftig finden ein Plätzchen im Café Mozart, in dieser renovierten Nische der geistigen Aufklärung: erwartungsvoll, den Blick auf die ramponierte DIE ZEIT gerichtet, an zwei Händen aufgespannt, dahinter Brillen und der Kopf des überparteilichen Professors zur besonderen Verwendung in Jubiläumsjahren. Ein kleiner Schwarzer, liberal versüßt, vor ihm auf dem Marmortischchen.)

Grüß Gott!
Nach Stefan Zweig forschen wir, Herr Professor.
(Der, jovial, aber fest an die Hamburger ZEIT geklammert, meint)

Es ist alles ernster, als es genommen wird. Das mit der Stunde Null in Österreich wird angezweifelt, zu Recht. Aber alle, ob Juden oder Christen, mußten nach Auschwitz erst auf einen grünen Zweig kommen, jeder in seiner angestammten Heimat, im Morgen- oder Abendland. Insofern ist die Stunde-Null-These richtig. Niemand, kein seriöser Wissenschaftler, äh ... (fahrig in die Runde schweifend, auf seinen großen Kollegen am Nebentisch blickend, unerwidert, DIE ZEIT unter das Gesäß sich schiebend, wieder mit gefestigter Stimme) Ich zweifle nicht an der christlichen Tugend der Nächstenliebe, den Nationalsozialismus zu verstehen. Wir sind kein christlicher Hauverein, der gegen das Hakenkreuz zieht.

Herr Professor, ich habe die Mönchsburger Presse und eine Exil-Zeitschrift der katholischen Ständestaatler aufmerksam gelesen, studiert, auch die Ausgaben nach Auschwitz. Dort finden Sie Ausdrücke, die aus dem berüchtigten Naziblatt Der Stürmer stammen könnten.

Unseriöse Wissenschaftelei, junger Kollege.

Herr Professor, lassen Sie mich, Ihren erklärten Lieblingsschüler, eine brennende Frage diskutieren: den christlichen Antisemitismus in Österreich. Da hat es doch eine Reihe katholischer Stürmer gegeben, die sogar in einem Nazi-KZ oder im New Yorker Exil gesessen haben und, statt sich zu verantworten ...

... ihre überwinterte Ideologie carnevalsartig wieder ausgepackt haben, meinen Sie, mein Lieblingsschüler.

Tausende Juden haben nach der Befreiung von der NS-Herrschaft flüchten müssen, vor den rabiaten katholischen Polen. Etliche Juden haben hier in Österreich Zuflucht gefunden und sind auf das übelste beschimpft worden: Bestien, verschwindende ausländische Minderheit – Mönchsburger Katholiken-Worte.

Junger Kollege, Sie zielen mir etwas zu einseitig auf die Katholiken. Es stimmt zwar, damals nach der Befreiung von Auschwitz ist es wieder losgegangen, und Österreich hat das zu spüren bekommen: geflüchtete Juden, das Volk liebt sie nicht, die Sozialisten auch nicht.

Herr Professor, die Sozialistische Partei war die einzige in Österreich, die Juden aufgenommen hat.

Ausnahmen, Herr Kollege, Ausnahmen wie der heutige Leiter der Israelitischen Kultusgemeinde. Aber bald danach ist er, der sich für die Lösung des Flüchtlingsproblems verdient gemacht hat, in der Sozialistischen Partei kaltgestellt, aus der Mitglieder-Kartei gezupft worden, ohne Erklärung, bis heute.

Aber, Herr Professor, die Wiener Arbeiter-Zeitung ist von einem jüdischen Emigranten geleitet worden, der ...

Der sich nicht gescheut hat, den Leitartikel Wir möchten Sie los sein, alle Ost-Flüchtlinge samt den Juden, zu veröffentlichen. Und Sie, junger Kollege mit gleicher politischer Haltung, prangern mit Vorliebe das Mönchsburger Kreuzzugsblatt vom Deutschen Orden an, das da bloß gefragt hat: Judenproblem bis wann gelöst?

Bloß, Herr Professor? Auch Sie wissen, daß die Mönchsburger Nachrichten viereinhalb Jahre nach Auschwitz in ihrer Weihnachtsausgabe einen Artikel von René Marcic publiziert haben. Da ist zu lesen, Peter de Mendelssohn, also Hilde Spiels Ehemann, und seinesgleichen, die Juden, brauchen sich nicht zu wundern, wenn sie in die Gaskammern gesteckt werden.

Na und? Nicht alles kann in christliche Watte gepackt werden. Entschuldigt hat er sich, der Marcic, gerechtfertigt gegenüber dem Gottesspötter ...

Aber Herr Professor, Aufarbeitung der Geschichte ist doch unmöglich, solange Sie vor der Presse buckeln, solange die Journalisten vor ihrem Chefredakteur buckeln und der wiederum vor der glorifizierten Vergangenheit seines Vorgängers ...

... Rechtfertigung des Massenmordes, Wiederbetätigung, meinen Sie, Herr Kollege. Alles Schlagworte, Politik und Christentum sind zwei Paar Schuhe. Ich meine, manchmal stimmen die Größen überein, Herr Kollege.

Ja, Herr Professor, zum Beispiel bei den vertriebenen Volksdeutschen und den inhaftierten Nazis und Kriegsverbrechern, bei den Heimkehrern aus Rußland. Das Soziale Friedenswerk des Fürsterzbischofs Rohracher ...

Herr Kollege, Sie verstehen die Mentalität unseres Volkes nicht. Die Heimkehrerzüge aus dem Osten, Rußland, haben wir mit Tschinderassabummusik und Blumen empfangen, nach Jahren der Kriegsgefangenschaft in Sibirien.

Das haben unsere Emigranten im Arlberg-Expreß nicht erlebt, Herr Professor.

Da ist als erster der beliebte Altnazibürgermeister ausgestiegen, aus dem Heimkehrerzug, nach mehrjähriger harter Gefangenschaft, von unseren Koalitionsehrenmännern in Schwarz, Rot und Blau herzlichst begrüßt, im Magistratsdienst hochgezogen, im Schnellzugstempo, damit das Unrecht wieder gutgemacht wird.

Herr Professor, Sie lesen DIE ZEIT?

Natürlich, wegen der Größe (wetzt dabei unruhig auf seiner Gesäßunterlage, blickt auf seinen großen Kollegen am Nebentisch).

(Der große Professorkollege am Nebentisch ein Selbstgespräch führend, grantig:) Eine Postkarte aus braunem Karton, eine Andenk- und Umweltschutzkarte an mich adressiert. Wer will mich hier zum Narren halten?

Herr Professor, Sie leugnen doch nicht, daß in der Zweiten Republik weit mehr Nazis und Kameraden geehrt worden sind als Opfer, Emigranten. Da ist zum Beispiel Herbert von Karajan ...

Ja, das ist ein gutes Beispiel, denn diese haben den Wiederaufbau bewerkstelligt, während die anderen tot oder im Ausland waren, jedenfalls nicht in den Startlöchern, mit Ausnahmen. Nein, sparen Sie sich die Kritik, ich bin Realist und Anhänger der Modernisierungstheorie, aber kein Zyniker. Ich weiß, was ich sage. Und die Geschichte, der Wohlstand, auch ohne Juden, gibt uns recht.

Herr Professor, erschreckend ist für mich die krasse Indolenz, die Gleichgültigkeit, diese für Österreich symptomatische Reaktion auf Vertreibung und Ermordung vieler Juden. Das beginnt schon mit der Bücherverbrennung im Nazi-Deutschland: die Häme in katholischen Zeitungen. Dann das Schweigen der Heimatdichter und Politiker nach dem Weggang Stefan Zweigs aus Mönchsburg – eine Kulturschande, diese Häme und Gleichgültigkeit.

Junger Kollege, Sie sind ein protestantischer Moralist, kein kühler Analytiker, Modernisierungstheoretiker. Sie sollten endlich einmal kapieren: das Volk liebt sie nicht, die Emigranten, die im Arlbergexpreß verschwunden sind. Aber versöhnen wir beide uns wenigstens, hier reden wir privat.

(Der große Professorkollege am Nebentisch ein Selbstgespräch führend, grantig:) Eine braune Andenk- und Umweltschutzkarte mit schwarzen altdeutschen Lettern: Waggerl – Weinheber – Waldheim. Wer will mich hier zum Narren halten?

Sie haben den Stefan Zweig erwähnt, junger Kollege. Ich erzähle Ihnen ein Gschichterl, symptomatisch für die geistige Nachkriegsdämmerung. Während des Korea-Krieges und noch vor Stalins Tod, als der großdeutsche Rom-Kämpfer Felix Dahn zum Mönchsburger Schildbürger erwählt worden ist, einstimmig von allen Demokraten, als Die Bastion Europa, ein Roman vom Nazi-Burgdirektor Mirko Jelusich, in den Mönchsburger Nachrichten in Fortsetzung erschienen ist, da …

Da sind die Nazi-Barden gefeiert worden, Herr Professor.

Verständlich, junger Kollege, da hätte der grüne Zweig nur schwerlich hochgehalten werden können.

Stefan Zweig war doch nicht grün hinter den Ohren, Herr Professor.

Aber Herr Kollege, Sie sind doch germanistisch gebildet. Sie wissen, daß Zweig Pazifist war, der Jeremias und so – haben Sie das Stück überhaupt gelesen? Der tote Zweig, der einst auf dem Kapuzinerberg gewohnt hat, hat politisch nicht oder nur schwer verwertet werden können. Er ist nicht in der oder für die Bastion Europa gefallen, sondern irgendwo in Brasilien, durch die eigene Hand – kein Kreuz, keinen Segen, verstehen 'S?

Sie meinen, Herr Professor, ein Jude hat sich umgebracht, sinn- und kreuzlos, im Gegensatz zu den noch immer auf den Kriegerdenkmälern marschierenden Helden?

Ja, das ist die Volksmeinung.

Aber warum kommt der Zweig dennoch zu Ehren, Herr Professor?

Eine Scheinehrung, Sie Naivling. (Sich über den großen Tisch beugend, nach rechts und links schauend, zu seinem großen Kollegen spähend, mit leiser und tiefer Stimme) Als die Kulturrestauration unter Dach und Fach war, Karajan usw., als alle, braun oder schwarz, wieder wohlbestallt waren, beim 200sten Wiegenfest unseres Genius loci ...

Sie spielen auf die Mozart-Weltfeier im österreichischen Bollwerk der abendländischen Kultur an, Herr Professor.

Richtig, junger Kollege. Während der Weltfeier im lichten Reich der Musik, da hat sich die von der Besatzungsmacht geräumte Geburtsstadt Mozarts sowohl Prestige als auch Internationalität versprochen.

Als Fassadendecke über dem provinziellen Mief, Herr Professor, wie heute.

Starker Tobak, was jetzt passiert, damals wie heute: Stefan Zweigs Geburtstag und Todestag als Anhängsel oder Draufgabe zum 200sten unseres größten Sohnes, dem ja auch, Sie wissen schon – Fußtritt!

Der Fußtritt macht sich bezahlt, Herr Professor.

Die sind nicht von den Nazis vertrieben worden, junger Kollege. Bis zum Anschluß an das Dritte Reich hätte Zweig hier gelebt, hat die Mönchsburger Presse bemerkt, entschuldigend – Koalitionsgeschichtsschreibung, staatstragende Geschichtslüge in Kleinformat.

(Der große Professorkollege am Nebentisch ein Selbstgespräch führend, grantig:) Auf der Rückseite der braunen Karte der Aufdruck: Die drei großen W aus A, Poststempel Sankt Wagrain. Wer will mich hier zum Narren halten?

Junger Kollege, erstens hätte der Vorwurf der christlichen Dollfuß-Diktatur gemacht werden müssen. Eine Kulturschande war's, wie Sie sagen. Selbst der von uns bekränzte Landeshauptmann, später in ein Nazi-KZ geworfen, hat zu lange geschwiegen.

Und Sie, Herr Professor, plädieren für den Frieden mit der Geschichte – eine andere Form des Stillschweigens!

Und zweitens ist Stefan Zweig nicht frohmütig in den Emigrantenzug gestiegen, nicht freiwillig emigriert wie ein Abenteurer, aber auch nicht unmittelbar von den Nazis vertrieben worden, wie die Mönchsburger Presse suggeriert hat. Private Gründe spielten auch mit. Anlaß war aber sicherlich die Hausdurchsuchung nach Waffen, der Arbeiteraufstand gegen die Dollfuß-Diktatur, Sie wissen.

(Der große Professorkollege am Nebentisch ein Selbstgespräch führend, grantig:) Braune Karte, mir angedroht aus Sankt Wagrain mit zierlichen Initialen O. P. Z. – Wer will mich hier zum Narren halten?

Junger Kollege, mehr als zehn Jahre nach dem Nazi-Regime haben sich unsere Stadtväter erstmals mit der bitzeligen Frage nach einer Dauerehrung für Stefan Zweig befaßt – der 75ste Geburtstag des toten Dichters. Und ein toter Dichter kann sehr wohl ein schwieriger sein, merken Sie sich das.

Herr Professor, auch Hugo von Hofmannsthal ist ein Schwieriger, das wird vertuscht: Sinnstifter des Krieges im Gegensatz zu Stefan Zweig.

Dazu haben wir einen Schwierigkeitenüberbrückungsausschuß, der alle Schwierigkeiten wegputzt oder vertuscht.

Da haben Sie, Herr Professor, im Anschluß-Bedenkjahr mitgewirkt.

Im Stefan Zweig-Schwierigkeiten-Jahr war ich nicht einmal in Mönchsburg, dennoch weiß ich Bescheid. Erste Schwierigkeit: Das Wohnhaus von Stefan Zweig, das Paschingerschlößl (die Stimme ist kaum mehr hörbar), die Zweig-Villa ist kurz vor dem Anschluß äußerst günstig, ich sage äußerst günstig, wie nach dem Anschluß ...

Arisierung, Herr Professor?

Nicht ganz, Herr Kollege. Das Haus hat eine angesehene, mit dem Nationalsozialismus sympathisierende Familie äh Textilien in der Altstadt äh erworben. Dann ist der Zweig von den Nazis enteignet worden. Ein Drittel des Kaufpreises ist noch in der Luft, in der verpesteten Luft geschwebt. Sie verstehen?! Das Geld ist in die Kassen der Nazis geflossen, verstehen Sie?!

Arisierung!

Nein, der Pazifist als Financier des Raub- und Eroberungskrieges!

Die Juden sind am Krieg mitschuld, meinen Sie, Herr Professor. Im Falle der Juden wäre demnach kein Grund vorhanden gewesen, etwas gutzumachen, während unsere Heldenopfer mit dem geraubten Gut entschädigt werden müßten?

Ein guter Schüler sind 'S! Spät aber doch kapieren Sie einiges. Faktum ist, daß die sogenannte Wiedergutmachung oder die Rückgabe des Eigentums an die Erben Zweigs nicht erwogen worden ist. Und sehen Sie, mein gelehriger Schüler, das Gschichterl birgt noch eine zynische Pointe in sich: Im erwähnten Mozart-Jubiläumsjahr, im Trubel des 200sten Wiegenfestes, hat unser österreichisches Parlament den schweren Nazis, die bekanntlich enteignet worden sind, ihren Besitz wieder zurückgegeben, unbekümmert – Aufruf zur Anmeldung in der Presse!

Herr Professor, ich bin betroffen.

Junger Kollege, Sie sind Moralist, da verstehen Sie die Geschichte nicht, den Nationalsozialismus, den katholischen Antisemitismus und das Weiterwuchern unter oder manchmal über der Decke schon gar nicht.

Ich will es nicht verstehen, habe kein Verständnis dafür.

Dann müssen Sie jetzt genau aufpassen. Das zweite Problem im freien Österreich: Zweig war tot, aber dennoch Jude, und da schlägt der rassistisch garnierte Religions-Antisemitismus durch. Ein Toter führt uns an, haben die Ständestaatler einst gesungen. Aber nicht der tote Dollfuß hat die wiederbelebten Reichsträumer angeführt, sondern der scheintote Antisemitismus.

(Der große Professorkollege am Nebentisch ein Selbstgespräch führend, grantig:) In altdeutschen Lettern: Waggerl – Weinheber – Waldheim. Die großen drei W aus A. Zierliche Initialen O. P. Z. Wer will mich hier aus welchem Grund zum Narren halten?

Konkreter bitte, Herr Professor!

Bitte schön! Der auf den kreuzbestückten Kapuzinerberg führende Weg sollte damals in Zweig-Weg umgetauft werden. Zweig war aber nicht getauft, weshalb die Politiker nicht so schnell auf den grünen Zweig gekommen sind. Einigen Gemeinderäten der christlichen Fraktion sind religiöse Bedenken gekommen, denn bekanntlich befinden sich entlang des betreffenden Weges Kreuzstationen.

Herr Professor, symbolisieren diese Kreuze mit dem Juden Jesus den schwierig-schweren Antisemitismus der Katholiken?

Zutreffend in Verbindung mit der Zweig-Ehrung! Tabu wären alte Bezeichnungen, im Falle des Juden Zweig, meine ich. Denn wie der Fall Karajan äh ein ehemaliger Nazi-Karrierist, aber Christ, selbstverständlich, wie dieser Fall zeigt, scheint dieses katholische Tabu kein Problem zu sein.

Herr Professor, die Gemeinderäte sind bei ihrem Schildproblem dann doch auf einen grünen Zweig gekommen.

Auf einen Schildbürgerstreich haben sie sich geeinigt, junger Kollege. Das Ergebnis hängt vor den Augen: ein ovales Schild mit der Aufschrift Stefan Zweig-Weg und die Beibehaltung der altehrwürdigen Adresse Kapuzinerberg.

Womit der Kreuzweg judenfrei geblieben ist, glauben die Anhänger des Juden Jesus.

Womit sowohl Geld gespart werden konnte als auch keine Erinnerung an die Welt von gestern und an den abgezweigten Zweig im Paschingerschlößl heraufbeschworen wird. Folgedessen kann es auch kein Zweig-Museum geben, noch nicht, aber nun, im 200sten Todesjahr unseres Genius loci, sind geheime Gespräche im Gange – das 50ste Todesjahr blüht uns als Nachschlag. Der Friede mit der Geschichte ist in Gefahr.

(Der große Professorkollege am Nebentisch ein Selbstgespräch führend, grantig:) Waggerl und Weinheber sind tot. Waldheim ist unser Bundespräsident. Der war als erster westlicher Präsident im Osten, in Persien oder wo immer. Wer will mich hier zum Narren halten?

Herr Professor, im Stefan Zweig-Gedankjahr wird Österreich mit seiner Geschichte konfrontiert. Sie müssen sich im Schulterschluß mit den Abwieglern eine neue Strategie ausdenken, Sie Schwierigkeiten-Entsorger!

(Der große Professorkollege am Nebentisch ein Selbstgespräch führend, grantig:) Waldheim hat nichts gehört und nichts gesehen. Der hat nur seine Pflicht getan. Der schreibt mir nicht. Wer will mich hier zum Narren halten?

Junger Kollege, Sie sind ein Zyniker! Das hat man von Aufklärung und Offenheit. Stelle aber mit Befriedigung fest, daß Pazifisten und Schwierigkeiten-Macher wie Sie sowieso vom Kongreß auf Schloß Leopoldskron ausgeschlossen sind. Stefan Zweig und die Suche nach dem Weltfrieden – Einladung nur an erwählte Persönlichkeiten, die ihr Entrée, eine Banknote mit dem Mozart-Konterfei, problem- und schmerzlos hinblättern können. (Sprach's und verließ grußlos die aufgeklärten Zweig-Liebhaber und DIE ZEIT, verwirrt und zerknittert zurücklassend in Richtung des Nebentisches.)

(Der Jubiläumsprofessor zu seinem großen Kollegen am Nebentisch:) Ein Grüß-Dich-Gott! Kennst Du schon die neueste Geschichte?! Unser Bundespräsident Kurt Dollfuß äh Engelbert Waldheim hat heute feierlich erklärt, er werde wegen des Zweig-Jubeljahres nicht mehr kandidieren. Im Interesse des Burg- und Narrenfriedens, unserer Zukunft. Gehst Du auch in Pension?

(Der große Professorkollege sich vor dem kleinen Professor aufbauend:) Du willst mich wohl zum Narren halten? Du hast mir die braune Karte untergejubelt! Unseriöse Wissenschaftelei!

Der Kongreß der Leichenfledderer

(Ort: Schloß Leopoldskron, Wandschmuck, Blumen, Trauerflor, Konterfeis von Stefan Zweig, Thomas Mann, Goethe, eventuell auch Max Reinhardt u.a., ein gläserner Sarg mit mumifizierter Leiche, eingewindelt, Leichenmahl, Tanz, heitere Stimmung, die bald in Spannung und Aggression umschlägt. Personen: eine friedensbewegte Schriftstellerin, ein schlankes Unikum namens Dolores Keiner, ihr gegenüberstehend der Kontrahent, der DATIV-Manager, beamtet und bodygestylt, und dazwischen die zarte Charlotte Kestner, rosa besaitet, und der Student Franzi Mager, ein beleibtes Mannsbild in mittleren Jahren, früher Aktivist des Kommunistischen Studenten-Verbandes, nun Dissident und Germanistik-Dissertant mit heiklem Thema: Thomas Manns verbotene und unerwiderte Liebe zu Goethe.)

DISSERTANT MAGER Goethes Bildnis, dessen bin ich gewiß, wird für die nächsten Generationen einzig gegenwärtig bleiben in dieser sublimen Formung Thomas Manns. Das ist das Schlußzitat in meiner Dissertation, hat Stefan Zweig verfaßt, in seiner positiven Besprechung von Lotte in Weimar, des Buches von Thomas Mann.

DER DATIV-MANAGER Stefan Zweigs Todesjahr jährt sich zum 50sten Mal. Da muß etwas geschehen!

DISSERTANT MAGER (zur Charlotte sich neigend) Da muß etwas geschehen, Lottchen!

CHARLOTTE Ich mag Dich nicht. Du weckst keine eingeschläferten Erinnerungen, auch nicht im weltoffenen Columbus-Jahr.

DIE PAZIFISTIN KEINER Zuerst Erinnerungen an Stefan Zweig tilgen, dann Jahrzehnte danach wecken. Villa in Europa, ich lache, Gemeinschaftseuropa mit beschränkter Haftung, ein doppeltes Spiel: elitäre Internationalität und Heimatwerk-Geraune zum Advent. Daß ich nicht lache. Wir junge Autoren verweigern uns dem abgekarteten Spiel.

DER DATIV-MANAGER Ihr könnt auch gar nicht auf dem Präsentierteller verkauft und verspottet werden. Das sagt nichts über die Qualität Eurer Erzeugnisse aus. Die Erfahrung zeigt, auch Georg Trakl läßt sich nur schwer internationalisieren.

CHARLOTTE Der Trakl hat sich nach der Schlacht von Grodek vergiftet. Ein Trakl-Kongreß zieht alle Giftler und Süchtler nach Mönchsburg.

DER DATIV-MANAGER Georg Trakls Grodek, eine Nekropole, ein Totenhaus, das wäre für Mönchsburg eine Katastrophe. Mit dem Heimat- und Advent-Dichter Waggerl ist auch kein internationales Renommee zu machen. Mit Euch kann kein Renommierstückerl gespielt werden, liebe Dolores.

DIE PAZIFISTIN KEINER Stefan Zweig, in mehr als fünfzig Sprachen übersetzt und auch noch verfilmt, wird auf einmal hervorgezaubert – post mortem, postmodern, bedenkenlose Leichenfledderei. Der Zweig konnte zeitlebens von keiner politischen Richtung vereinnahmt werden. Er war immer Pazifist. Die Welt von gestern ist vernichtet worden.

DISSERTANT MAGER Steht alles wieder auf. Ich glaube schon einmal gelebt zu haben, heiße heute Mager, war damals Kellner des Gasthofes Zum Elephanten in Weimar, namens Mager, 1816, vor der Vereinigung der deutschen Staaten.

DIE PAZIFISTIN KEINER (erregt) Geboren und gestorben ist Zweig auch nicht in Mönchsburg. Nun aber wird verstaubte Forschungsarbeit ausgegraben und ein Zweig-Jahr ausgerufen, als Nachschlag auf den Festschmaus à la Amadeus, in der Selbstmörderstadt!

CHARLOTTE (zu Mager) Heute wird geschmaust, Magerchen, lauter Verwesungsköstlichkeiten.

DISSERTANT MAGER (als Elephanten-Kellner vor Charlotte Bücklinge machend) Und Sie, Hofrätin Witwe Charlotte Kestner, waren auch schon tot, feierlich und wertherlich begraben, aber nun sind Sie wieder lebensfröhlich als geborene Buff.

CHARLOTTE Alle Männer gehören auf die Terrasse, auf der Humboldt geschwärmt hat – Männer- und Todesphantasien!

DER DATIV-MANAGER Was könnten wir da für unser Welttheater herausschlagen?

CHARLOTTE Da bin ich schon im verwertbaren Bilde. Bitte protokollieren:

eine schöne Leich', gezogen von vier Fleckschimmeln, über und über mit rosa Rosen geschminkt und geschmückt, eine schwarz-goldene Prunkka- rosse mit Doppeladler, Schönbrunner Gelb tuts auch, aber offen und durchsichtig für alle Augen, ein Transparent-Katafalk wie unsere Politik, ein mondäner Sarg aus Bleikristall ...

DISSERTANT MAGER Da wuzeln wir uns drinnen, mein Büffchen.

CHARLOTTE Ein Festzug im Makart-Kostüm trabt verträumt und ewig durch die verstopften Gassen der ewigen Fürstenstadt. Aufgebahrt wird eine Kapuziner-Mumie in blütenweißen Windeln oder Binden, in die vor aller Welt täglich ein anderer nutzloser Sandler und Pazifist gewickelt wird.

DIE PAZIFISTIN KEINER Diese Nekromanie symbolisiert wohl das mumifi- zierte Erbe unserer österreichischen Kultur, das halb tote und halb leben- dige Welttheater. Das wird allen Völkern, Augen und Mündern im Luxuskarren zur Schau gestellt – eine grausliche Verwesungskultur.

CHARLOTTE Einfach köstlich! Unser Ghostwriter vom Schwierigkeiten- Überbrückungs-Ausschuß suhlt sich gerade im Columbus-Fieber: Der Fall von Granada, heilige Volksreinigung und Inquisition, Flucht mit dem Schach-Großmeister Columbus, brennendes Las Indias und rotweißroter Tod in Brasilien – die Klimax der Pompfüneberer-Rede, ein feierlicher Nekrolog auf den Jubiläumsdichter Stefan Zweig.

DER DATIV-MANAGER Die Todesbereitschaft inmitten aller Lebensfröhlich- keit ist der edelste Ausdruck des Österreichertums und seiner ehrwürdi- gen Kultur. Das hat Mozarts treuester Diener, der berühmte Dirigent Bernhard Paumgartner einmal gesagt, auf Mozart gemünzt, glaube ich. Aus Fuß- und Todes-Tritten sind viele Goldmünzen zu schlagen.

DISSERTANT MAGER Immer wieder springen junge Leute von der Hum- boldt-Terrasse in die schönste Stadt der Welt. Da herrscht Nachrichten- sperre, um die glitzernde Goldfassade nicht zu bekleckern.

CHARLOTTE Um die Selbstmörder ist es nicht schade. Aber die Festspielgä- ste, die in den sauberen Straßen flanieren oder im Gastgarten süffeln, sind gefährdet. Zu ihrem Schutze wird ein Auffangnetz, ein Glasverbau oder ein schönes Gitter aus Eisenstäben angebracht. Gscheiter wärs aber, wenn unsere Mörder außerhalb der Stadtmauern hinter Gitterstäben be- lassen werden und wenn von allen Mönchsberg-Wanderern ein psychia- trisches Gutachten gefordert wird.

DER DATIV-MANAGER Eine poetische Mauer ist um die Humboldt-Terrasse zu ziehen. Durch DATIV können unsere Autoren ihre Psychosen kurieren. Mit Zweigs Todessehnsucht können Sie, Dolores, und Ihre Kollegen Schlagzeilen machen: Fröhlich hat er Hand an sich gelegt, der Zweig. Im fernen Brasilien. Das Geheimnis um Stefan Zweigs Schädel. Brennendes Geheimnis. Berühmt können Sie werden, Dolores, von DATIV verwertet.

CHARLOTTE Heute und ewig sehne ich mich nach keinem Mann, nur nach der lieben Keiner.

DISSERTANT MAGER Ich bin samt dem Elephanten, dem Werther und der Charlotte Buff aus dem Deutschordenshaus berühmt geworden. Ich lebe ewig.

DIE PAZIFISTIN KEINER Nicht leben, sondern ewig sterben lassen, lautet die Golddevise. Fußtritt, dann Leichenschändung mit elitärem Flair in der Mozart- und Zweig-Schädelstadt, ein aus Menschenverachtung resultierender Totenkult.

CHARLOTTE (zu Mager) Du abgemagerter Schädel, Du Magermann!

DER DATIV-MANAGER DATIV – eine quasi amtliche Kulturver- und -entsorgungsgesellschaft mit beschränkter Haftung nimmt sich der lebensfröhlichen Kulturleiche unbeschränkt an: Gründung einer Zweig-Akademie, hochkarätig besetzt, Herausgabe der Hochglanzzeitschrift Zeit und Welt und Organisation eines Literatursalons, eines Zweig-Film-Monats, eines Kongresses auf Schloß Leopoldskron – Stefan Zweig und die Suche nach dem Weltfrieden, ein elitärer Tanz mit selektivem Entrée.

CHARLOTTE Ein fürstlich-makabrer Tanz in der Sommerresidenz der Erzbischöfe, die der jüdische Theaterregisseur Max Reinhardt erworben hat – arisiert für einen Geheimkongreß, der Weltgeschichte gemacht hat; arisiert die Bibliothek, die große Schloßhalle mit ihrem mächtigen Konzertflügel, den gleich zwei Bilder Adolf Hitlers in schweren Silber-Rahmen okkupiert haben.

DIE PAZIFISTIN KEINER Ein Geheimkongreß der Friedens-Räuber auf Schloß Leopoldskron: Da sind für das Münchner Abkommen die Fäden zwischen Hitler und Chamberlain gezogen worden – ein fauler Friede, die Zerschlagung der Tschechoslowakei.

CHARLOTTE (zu Mager) Sieben Jahre später ist der amerikanische Geheimdienst eingezogen, der neue maître de plaisir, der die Suche nach dem Weltfrieden dirigiert. Geh'n wir tanzen, grauslicher Magertod?

DISSERTANT MAGER Goethe soll zu Weimar gedichtet haben: Getretner

Quark/wird breit, nicht stark./Schlägst du ihn aber mit Gewalt/in feste Form, er nimmt Gestalt.

DIE PAZIFISTIN KEINER Den Jubiläumsquark hat DATIV fest im Griff. Er nimmt Gestalt an: ein Theaterpopanz, Herr Propaganda-Manager. JA zum Pazifisten Zweig, NEIN zur Verquarkung Zweigs.

CHARLOTTE (spöttisch) Verquarkt gehört der Magerleib.

DER DATIV-MANAGER Da wird es eine Ausstellung geben, liebe Dolores Keiner. Schriftsteller – das Gewissen dieser Welt mit Fragezeichen, lautet ein Weltmarkentitel.

DIE PAZIFISTIN KEINER Schamlose Kulturheuchelei, Zweig war Pazifist, wird man sagen. Des Autors des Jeremias wird man gedenken. Doch man steht Jahr für Jahr vor dem Helden- und Wiederbetätigungsdenkmal beider Weltkriege.

DISSERTANT MAGER Ein Altar der Geister- und Totenbeschwörung – ein Nekromanten-Ritual wie auf unserem Roten Platz.

DIE PAZIFISTIN KEINER Ein Altar der Gewalt, auf dem die schwülstigen Sprüche des Priesters und Dichters der Landeshymne verewigt sind: Und schenktet für uns euer heiligstes Gut/im Becher des Todes euer Helden- blut.

DISSERTANT MAGER Dem Goethe hat Thomas Mann mit der Lotte in Weimar ein hochgeistiges und unheroisches Denkmal gesetzt, friedvoll abgeschlossen zur Feier des Hitler-Stalin-Pakts. Ewig Dein Liebster, meine Lotte in Weimar.

DIE PAZIFISTIN KEINER Durch die Selbstzerstörung des Sowjet-Imperiums und die neue Europa-Friedenszeit ins Gewissen geredet, sollten Europä- er und Kosmopoliten einen Zusatztext beschließen: Meinst du, der Friede sei eine Tat nicht und aller Taten Tat?

DER DATIV-MANAGER Nein, antworten unsere Gemeinderäte, einstimmig abgelehnt, keine Bilderstürmerei im Weltfriedensjahr.

DIE PAZIFISTIN KEINER Denen ist das Gewissen dieser Welt im Nahost- und Balkantief in die spendierfreudige Hose gerutscht.

DER DATIV-MANAGER Sehr richtig! Der Friedenszweig unseres Heeres wird raketenbestückt – kein Friede mit dem Säbel- und Panzerkommunis- mus, liebe Frau Keiner. Der Zusammenbruch von Glasnost und Pere- strojka hat uns recht gegeben – Sozialdemokratie mit Herz ohne Schmerz.

CHARLOTTE Wir haben einen guten Magen. Der verdaut auch den Pazifisten Zweig und Lenkgeschosse – zwei Liebesherzen.

DISSERTANT MAGER (buckelnd) Darf ich Ihnen, wertherste Frau Herzrätin, Ihr Gepäck auf mein Zimmer tragen. Ich habe eine sturmfreie Bude.

CHARLOTTE Mein Herzchen wird nicht gestürmt, von ungepuderten Mannsbildern.

DIE PAZIFISTIN KEINER Einen Bildersturm wird man nicht zulassen. Die Kriegerdenkmäler bleiben unangetastet. So die Oberhäupter in einstimmiger Kameradschaft und Eintracht.

CHARLOTTE Sturmgebeugte Mannsbilder!

DIE PAZIFISTIN KEINER In ihren Augen sind Zweig und seinesgleichen die Denkmalstürmer. Der Kriegshafen Pola heim ins Reich, geistig vorbereitet durch Verherrlichung des Krieges. Geisterklopfen aus der Kapuzinergruft höre ich, nicht aber den Friedensgeist von Stefan Zweig, von dem der abgeschmetterte Zusatztext für die bedenkenlosen Nekrophilenmäuler stammt.

DISSERTANT MAGER (Goethes Faust II zitierend) Am Ende hängen wir doch ab von Kreaturen, die wir machten.

DER DATIV-MANAGER Nicht alles ist schlecht und schwerfällig in diesem Land, Frau Keiner. Zum Beispiel die sozialdemokratische Kulturpolitik. Erinnern wir uns an Positives. Unsere Autorengruppe hat ein Jahr vor dem Jubiläumsstrudel nachgedacht, vor dem Dom, am Tatort Bücherverbrennung. Erich Fried durfte vor dem Verbrennen der Welt warnen. Von der Stadt subventioniert.

CHARLOTTE Auf Wunsch unseres Geistesahnen Hugo von Hofmannsthal – Krieg und Kultur – werden die zersetzenden Bücher in der Mönchsburger Kunsthöhle Sankt Guggenheim feierlich eingesargt – in Vitrinen und Sturze zu beschmausen – in der Kunst-Nekropole zu Ehren des Entdekkers Columbus, ein halbes Jahrtausend nach dem Verbrennen zweier Welten.

DISSERTANT MAGER Ob wir in fünfzig Jahren noch an die post-moderne Geistesvernichtung denken wollen, dürfen, können?

DIE PAZIFISTIN KEINER Der rückwärtsgewandte Totenbeschwörerkult erschreckt. Da werden die Opfer beweint und zugleich die Agnes Miegel denkmalgeschützt, die für den Hitler Sprüche geklopft hat. Das ist im sogenannten Bedenkjahr des Anschlusses ans Dritte Reich geschehen, allerdings mit meinen unerhörten Zwischenrufen.

DISSERTANT MAGER (zwischenrufend) Zu diesem Zeitpunkt hätte Thomas Mann den Goethe-Preis des Arbeiter- und Bauernstaates noch bekommen. Aber bald darauf ging's heim ins Vierte Reich. Nun wird Thomas Mann abgewickelt wie ein maroder volkseigener Betrieb.

CHARLOTTE (zu Mager) Dich werden wir preislos abwickeln, Du volksfremder Marodeur.

DIE PAZIFISTIN KEINER Nur wenige Jahre nach der Befreiung sind die Nazikünstler an Preis- und Ehrungsseilen hochgewickelt worden.

CHARLOTTE Das waren ja auch keine Kommunisten oder Fellow traveller.

DIE PAZIFISTIN KEINER Der Komponist Hans Pfitzner zum Beispiel: Nach der Machtergreifung der Nazi hat er den Wirtschaftsboykott der Festspiele durch Goebbels mitgetragen. Beim Anschluß Österreichs ist ihm die Festspielreife zuerkannt worden, dann eigene Pfitzner-Feiern und das gleiche bald nach der Niederlage der Nazis.

CHARLOTTE Die Niederlage haben wir in einen Sieg verwandelt. Pfitzner steckt in unserer Leichenkartei, im Mönchsburger Ehren-Nekrologium, Schildehrung für seine unbestrittenen Verdienste: Reichskultursenator, Kämpfer gegen Kulturverjudung, gegen den undeutschen Snob Thomas Mann und gegen die verjudeten österreichischen Festspiele, der damalige Boykott der Nazis gegen unsere Wirtschaft.

DISSERTANT MAGER Mein liebes Lottchen, in Deiner Heroenleichenkartei fehlt die Notiz, daß Thomas Mann das Telegramm Pfitzners an den in Nürnberg verurteilten Kriegsverbrecher Hans Frank mit Abscheu beurteilt hat.

CHARLOTTE Meine Ehrenleichenkartei widmet sich ausschließlich der positiven Nekrophilie: Pfitzner hat anläßlich seines 80sten Geburtstages, also nach dem Kriegsverbrecherprozeß, vom Landeshauptmann einen Lorbeerkranz empfangen.

DISSERTANT MAGER Thomas Mann hat gegen die abscheulichen Taten …

CHARLOTTE Der Komponist des Palestrina hat für seine abscheulichen, für seine Heldentaten in der Staatsoper und im Mozarteum Ehrungen empfangen. Überdies hat ein katholischer Schriftsteller dem Pfitzner ins Stammbuch geschrieben, daß er sich stets entschieden gegen alle zersetzenden modernistischen Tendenzen in der Musik ausgesprochen hat.

DISSERTANT MAGER Thomas Mann hat sich gegen den von Pfitzner und Hitler so verehrten Wagner ausgesprochen, zugleich aber für die Zwölftonmusik, die Wiener Schule, Arnold Schönberg – Doktor Faustus, sein Roman.

CHARLOTTE Thomas Mann war Emigrant, Amerikaner. Der Doktor

Faustus belegt die Ignoranz gegenüber dem Volksempfinden, den Snobismus des Großbürgers ohne Heimat. Pfitzner hat seine Straße bekommen, Thomas Mann nicht. Letzterer hat zwar früher einmal den Snob-Freund Stefan Zweig besucht, hat aber in der Nachkriegszeit zu viel geredet, auch in unserer Sommerakademie.

DIE PAZIFISTIN KEINER Doktor Faustus – Davon ist nichts hängengeblieben in der angeblichen Weltstadt. Keine Straßentafel ist hängengeblieben, nicht einmal ein Anhängsel auf dem Mozart-Devotionalien-Hochaltar.

DER DATIV-MANAGER Da hängt nichts, was uns nervt. Der Thomas Mann mit seinem Tod in Venedig wäre für uns eine Katastrophe. Da würde dann jeder dahergelaufene Dichter von der Humboldt-Terrasse springen – Nachahmungstrieb à la Gustav Aschenbach. Dann folgen die Thomas Mann-süchtigen Nahost-Krieger, die in Berchtesgaden ihre Terror-Psychosen kurieren. Mönchsburg, ein Todessprunghaus, das wäre eine Katastrophe.

DER DISSERTANT MAGER Diese lukrative Festschmaus-Nekropole mauert sich ein, propagiert aber gleichzeitig offene Grenzen, auf nach Europa, wir sind das Herz Europas – das ist doch ein Schwindel zu Mozart-Klängen.

DIE PAZIFISTIN KEINER Erschreckend diese Gleichwertigkeit von stumpfsinnig-provinziellen Trachtenorgien und Allerweltsbeglückung mit Mozart und Zweig – ein stark getrübter Glückszweig!

DER DISSERTANT MAGER Alles in dieser Stadt ist gegen das Schöpferische, schreibt Thomas Bernhard in der Autobiographie Die Ursache. Und weiter heißt es: Wird auch das Gegenteil immer mehr und mit immer größerer Vehemenz behauptet, die Heuchelei ist ihr Fundament, und ihre größte Leidenschaft ist die Geistlosigkeit, und wo sich die Phantasie auch nur zeigt, wird sie ausgerottet.

CHARLOTTE Alle Schwänze haben Ausrottungsängste – das Resümee meines Nekrologium-Studiums.

DIE PAZIFISTIN KEINER Salzburg ist eine perfide Fassade, auf welche die Welt ununterbrochen ihre Verlogenheit malt und hinter der das oder der Schöpferische verkümmern und verkommen und absterben muß. Meine Heimatstadt ist wirklich eine Todeskrankheit. Auch das hat Thomas Bernhard geschrieben, der noch als Leichenschmaus abgewickelt werden muß.

DER DATIV-MANAGER Vergeßt nicht Mozart! Ohne ihn hättet Ihr keine subventionierte Fassade für das Schöpferische.

DIE PAZIFISTIN KEINER Die perfide Fassade, hinter der das Schöpferische
zugrunde geht, habe ich am 13. März leider erlebt.

CHARLOTTE Das war ein etwas verhaltener Nekrolog auf den zugrunde ge-
gangenen katholischen Ständestaat, eine glanzvolle Inszenierung vor geladenen Gästen.

DER DATIV-MANAGER Aber auch ein kritischer Nekrolog von unserem Professor zur besonderen Verwendung in Jubiläumsjahren.

DIE PAZIFISTIN KEINER Und beweihräucherte Rufe wie Nie wieder Anschluß! Dann ist der Briefträger nach Brüssel mit einem Aufnahmebück-
ling geeilt.

CHARLOTTE Am 13. März des Folgejahres hat Mozarts Festmusik Diverti-
mento Nummer 8, Köchelverzeichnis 213, die Ehrung verdienter Journalisten bestrahlt.

DIE PAZIFISTIN KEINER Da habe ich schöngeistige Nekrologe auf Nazigeist-
beschwörer gehört, auf unreine Westen, wie Hilde Spiel schreibt. Da sind
Leute mit einem Preis dekoriert worden, dessen Namensträger wegen
Rechtfertigung des Massenmordes an Juden hätte sitzen müssen.

DER DATIV-MANAGER Sie meinen einen ehemaligen Chefredakteur und
Mitbegründer unserer Universität. Der ist tragisch ums Leben gekommen. Den Toten redet man nichts Übles nach, Sie Friedens- und Grab-
schänderin.

DIE PAZIFISTIN KEINER Den Lebenden schon, das ist rechtlich und moralisch erlaubt. Wir Kritiker sind vom Bedenkredner und Landesoberhaupt
der demokratischen Unreife bezichtigt worden und vom Jury- und Me-
dienmächtigsten sogar zu Jakobinern, also zu Mördern abgestempelt
worden.

DER DATIV-MANAGER So etwas übergeht der gewiefte Politiker mit Lächeln
und Schweigen. Außerdem sind Ehrungen, von denen Sie, Frau Dolores
Keiner, sprechen und ich nichts weiß, sind diese Ehrungen vorgezogene
Nekrologe auf Kalte Krieger, denen die Geschichte recht gegeben hat im
Gegensatz zum Zweiweltenapostel Thomas Mann.

DIE PAZIFISTIN KEINER Pazifistenhatz durch den Stahlhelm und beredtes
Schweigen bei Sozialdemokraten, die Warnungen vor dem Verbrennen
der Welt subventionieren und gerne in der Erich Fried-Straße wohnen
möchten.

DER DATIV-MANAGER Den Fried haben wir auch heimgesucht und geholt, vor seinem Tod. Nicht alles passiert erst fünfzig Jahre danach.

DISSERTANT MAGER Thomas Mann ist kurz nach seinem 80sten Geburtstag in Zürich gestorben, hochdekoriert, französischer Offizier der Ehrenlegion und deutscher Ritter des Pour le mérite.

CHARLOTTE (zu Mager) Alle Männer sind Phallusritter mit gestörtem Liebestrieb. Mein unlieber Mager, Deine ritterlichen Triebe haben keine Zukunft – Ritter, Tod und Teufel!

DER DATIV-MANAGER Aber wir Sozialdemokraten setzen auf die Zukunft. Machen eine andere Politik: Internationalität und Völkerverständigung. Ein Experte, Professor Dr. Mark Gelber von der Ben Gurion-Universität in Israel konnte als Chairman für das neue Jubiläumsjahr gewonnen werden.

DIE PAZIFISTIN KEINER Weil Zweig Kosmopolit und Jude war? Was lange Zeit und zu lange ein Hindernis war, verwandelt sich in ein Schmierfett auf dem Weg in das freie Waffenkonzert, Gemeinschaftsreife und alpines Kulturzentrum, eine Welttheater-Nekropole.

DER DATIV-MANAGER Zugegeben, spät wird nachgedacht, aber nicht zu spät wird kalkuliert. Eine Art Wiedergutmachung: Zweig und Gelber gehören jener von den Mönchsburger Nachrichten verspotteten Minderheit an – verschwindende ausländische Minderheit, Überlebende des Holocaust, die in einer geschürten Pogrom-Stimmung aus dem befreiten Österreich geekelt worden sind.

DIE PAZIFISTIN KEINER So zum Beispiel der Mönchsburger Rechtsanwalt Dr. Gelber, möglicherweise ein Verwandter des Chairman. Hetzen und sticheln Sie nur so weiter, so hat es ja immer begonnen, mit Massenmorden endet es, heißt es in einem Brief an die betreffende, aber sich nicht betroffen fühlende Zeitung.

DER DATIV-MANAGER Die Presse ist kein Forum für moralinsaure ungehaltene Reden.

DIE PAZIFISTIN KEINER Jeder Beschreibung spottet der morallose Gedanke an eine Vermarktung weiterer Parallelaktionen – Ausdruck dumpfer Provinzialität und elitärer Internationalität.

DISSERTANT MAGER Auch Thomas Mann hat das Mönchsburger Klima zu spüren bekommen – böse Verunglimpfungen.

DIE PAZIFISTIN KEINER Nur in Ernst Schönwiese, im Leiter der Literaturabteilung des damaligen amerikanischen Senders Rot-Weiß-Rot, hat

Thomas Mann einen großen Bewunderer gehabt. Nach Schönwiese ist kein Preis oder Straßenschild benannt wie nach den Kalten Kriegern und Antisemiten.

DER DATIV-MANAGER Schönwiese ist erst vor kurzem gestorben, glaube ich. Außerdem liegt kein besonderer Grund vor, einen Mann zu ehren, der uns alle möglichen schwer vermarktbaren Emigranten aufhalsen wollte. Auch müssen Sie verstehen, daß für den Journalisten-Preis ein Redakteur vorherbestimmt war, der sich gegen die Beschmutzung unseres Erddichters Heinrich Waggerl durch Euch Denkmalstürmer öffentlich und couragiert zur Wehr gesetzt hat – im Sinne der Jubiläumsparole Vorurteil – Toleranz – Zivilcourage.

DIE PAZIFISTIN KEINER Ich frage Sie, Herr Kulturzweigversorger, ob der Zweig-Forscher Dr. Gelber gebeten wird, die Ehre des Mönchsburger Journalisten-Preises anzunehmen, am 22. Februar, am Todestag Stefan Zweigs, im Schloß Leopoldskron, das unserem Max Reinhardt geraubt worden ist.

DER DATIV-MANAGER Das meinen Sie ja nicht im Ernst, Sie Spötterin.

DIE PAZIFISTIN KEINER Querlegen würde sich die Stahlhelm-Fraktion, wenn der Deutschordenskreuzzugspreis auch nur ausnahmsweise auf ein Jahr nach Israel emigriert. Die Waffen hoch! Die Ehre bleibt im Haus. DATIV stiftet einen Friedenspreis des Mönchsburger Schädelhandels, benannt nach Stefan Zweig, dem Renommée-Repräsentanten einer vertriebenen Religions- und Friedensminderheit, überreicht zum jährlichen Todesquark, feierlich umrahmt von Mozart-Musik.

(Der DATIV-Manager und die von ihm umarmte Charlotte ziehen sich zurück, tuscheln.)

MANAGER Geh' schau' einmal in Deiner Selbstmörder-Kartei nach, wann das Humboldt-Trio Goethe-Mann-Mager aus Weimar von der Terrasse gesprungen ist. Da könnten wir nach Mozart und Zweig ein Drei-Welt-Männer-Jubiläumssprungjahr inszenieren, abwickeln, entsorgen.

CHARLOTTE Gebe aber schon vor Sichtung meiner Leichenkartei zu bedenken, daß unsere Selbstmörder außer Betracht liegen. Der jüdische Autor Jean Amery, ein ehemaliger KZler, der Thomas Bernhard an den Humboldtschen Goldsatz von der schönsten Weltstadt erinnert hat, dieser Amery ...

MANAGER Dem gebührt das nächste Jubeljahr!

CHARLOTTE Auf keinstem Fall! Dieser Amery hat unseren Österreichischen Hof mit einer Selbstmördergrube verwechselt. Der hat unser
Ansehen nicht gefördert mit seinem Suizid-Fall auf diesem durch und
durch menschenfeindlichen architektonisch-erzbischöflich-stumpfsinnig-
nationalsozialistisch-katholischen Todesboden. Könnte von mir sein, hat
aber Thomas Bernhard gesagt, der uns die Leichenschmäuse vergällen
wollte.

MANAGER Dann bleibt es beim Emigranten-Tod in New York – Max Reinhardt haben wir schwarz angekreuzt. Unsere Entsorgungsdamen im
Schloß Arenberg werden die unappetitliche Vergangenheit vorher weg-
putzen. Gehst mit mir schmausen, mein zartrosa Büffchen?

CHARLOTTE Nur auf Mauer- und Karteilochleichen, mein aaliger Spötter!

MANAGER Mach Dein nekrophiles Leckermäulchen auf. Das Mauer-Kom-
plott hat reinen Tisch gemacht.

(Marschtrittlärm dringt in das Schloß Leopoldskron. Der Manager und
Charlotte verlassen freudenstrahlend und eilig den Raum. Der Dissident
Mager läuft buckelnd nach.)

CHARLOTTE (zu Mager) Verkrümmle Dich, Du gebrochener Ständer!

DIE PAZIFISTIN KEINER (nachrufend) Man suche Auseinandersetzung! Es
ist nicht wahr, daß sich Salzburg nur aus dem Bräustübl nährt! Hat
Thomas Bernhard geschrieben.

EIN MAURER IN BLAUER MONTUR (hereinstürzend) Die Sowjetunion ist gefallen. Der Kommunismus ist tot. Geschlossene Grenzen – Stadt-Traum
im Columbus-Jahr.

DIE PAZIFISTIN KEINER Vor- und entsorglich ziehen die Betonmauer-Köpfe
die Grenzen: ein sonniges Strahlenkranzerl für die sterilisierten Laser-
bild-Wixer und ein Drecksprücherl für die Virenfixer – Gott sei Dank,
Sex macht krank!

ZWEI MAURER (sich auf die Pazifistin stürzend) Du kommst mit, wirst ein-
gemauert, Du Aids-Schlampe.

(Eine disziplinierte Maurerbrigade betritt im Marschrhythmus die Bühne,
stampfend, postierend vor den Zuschauern, mauernd vor dem dahinterlie-
genden abgezweigten Weg, auf dem Stefan Zweig im Zug vorbeifährt.)

Stefan Zweig aus der Welt von Gestern: An Salzburg, der Stadt, wo das Haus stand, in dem ich zwanzig Jahre gearbeitet, fuhr ich vorbei, ohne auch nur an der Bahnstation auszusteigen. Ich hätte zwar vom Waggonfenster aus mein Haus am Hügel sehen können mit all den Erinnerungen abgelebter Jahre. Aber ich blickte nicht hin. Wozu auch? – ich würde es doch nie wieder bewohnen. Und in dem Augenblick, wo der Zug über die Grenze rollte, wußte ich wie der Urvater Lot der Bibel, daß alles hinter mir Staub und Asche war, zu bitterem Salz erstarrte Vergangenheit.

Karl Müller

Salzburg, die schöne Stadt

Salzburg-Mythos und Bilder des anderen Salzburg

Als kürzlich folgender Bericht in einer Salzburger Tageszeitung zu lesen war, erinnerte sich der Beobachter an einen der satirischen lokalpatriotischen Entwürfe Gerhard Amanshausers mit dem Titel *Generalsanierungsplan für Salzburg* (1987).[1]

In der Zeitung konnte man nämlich lesen:

> „Der Streit um die Fassade der Festung Hohensalzburg ist seit Montag um eine Facette reicher: Der Bürgermeister der Landeshauptstadt fand zwar in seiner Forderung nach einer dunkleren Festung Unterstützung im Altstadtamt, doch die Sachverständigen der Altstadterhaltungskommission (SVK) traten dieser Front gegen das hellere Gemäuer der sanierten Hohensalzburg nicht bei. [...] Just gegen die[se] Form der künstlichen Nachdunkelung sprach sich [...] der Spezialist für historische Fassaden beim Bundesdenkmalamt [...] aus. [...] Es mache keinen Sinn, den Schmutz von Jahrzehnten vorzutäuschen; der stelle sich früh genug ein. Weder die Vermoosung noch die Verschmutzung der Fassade hätten etwas mit Edelpatina zu tun, es handle sich vielmehr um eine Schadenspatina. Wegen Frostgefahr ist die Fortsetzung der Sanierung so oder so erst im Frühjahr möglich." (Salzburger Nachrichten, 29.10.1991)[2]

Gerhard Amanshauser hatte vor einigen Jahren in seinem satirischen *Generalsanierungsplan für Salzburg* vorgeschlagen, die alten Stadtmauern und Stadttore wiederherzustellen, die salzburgischen Ureinwohner als Urtypen mit vom Staat bezahlter Urbekleidung auszustatten und sie – unter der Leitung von Regisseuren und Inspizienten – das Urleben, „das am besten aus der Zeit um 1780 (der Blütezeit Mozarts) entnommen wird", hochbezahlt darstellen zu lassen. Dies, versteht sich, sollte in Tag- und Nachtschichten abgewickelt werden.

> „So mag es geschehen, daß sich zum Beispiel hinter einem Bettler mit erschrekkend zitterndem Armstumpf ein hochbezahlter Ureinwohner verbirgt." (S. 9)

Insbesondere auf die Optimierung einer entsprechenden „urbanen Erlebnisdichte" müsse geachtet werden. Ziel sei es, so Amanshauser, das Kunstwerk der „einzig echten" Altstadt auf diesem Planeten so vollkommen wie nur möglich zu verwirklichen. Da, so denkt sich heute der Beobachter, könnte auch die vom Bürgermeister geforderte hohensalzburgerische Edelpatina ihren erlebnisbereichernden Beitrag leisten.

Mit dem eben zitierten „lokalpatriotischen Entwurf" setzte Gerhard Amanshauser seine salzburg-satirischen Beiträge vom Anfang der 70er Jahre fort. Mit ihnen, so z. B. mit seinen *Salzburger Marginalien* aus dem Band *Ärgernisse eines Zauberers* (1973)[3], war er einer der ersten nach dem Krieg, der klischeehaft wiederkehrende Elemente und Versatzstücke des Salzburg-Mythos kritisch aufgriff. Dieser hatte jahrzehntelang in naturhaft anmutender Konstanz und Kontinuität über alle politischen Umbrüche hinweg politisch-ideologische Nützlichkeit bewiesen und wurde erst jüngst durch ein im Knaur-Verlag erschienenes Stadtlesebuch mit dem Titel *Ein Tag im alten Salzburg* wieder aufgewärmt.[4]

Symptomatisch ist es, wenn in diesem Band nicht Mozarts böses Diktum abgedruckt wird, er schwöre bei seiner Ehre, daß er Salzburg und seine „ihnwonner (ich rede von gebohrnen Salzburgern)" nicht leiden könne, denn ihre Sprache und Lebensart seien ihm ganz unerträglich (1779), sondern Mozarts Sätze über Salzburgs „himmlische Naturschönheiten" als immer wieder „neue Wunder Gottes". Der Linie dieses Sammelbandes entsprechend findet sich auch kein Beitrag aus Thomas Bernhards autobiographischer Andeutung *Die Ursache* (1975), in der Sätze stehen, die aus der Feder Mozarts stammen könnten. Die Grundelemente des Salzburg-Mythos zitierend, nämlich Landschaft, barocke Architektur und sich philosophisch gebärdende Wesensschau, schreibt Th. Bernhard in der *Ursache*:

> „Ich habe sehr oft das besondere Wesen und die absolute Eigenart dieser meiner Mutter- und Vaterlandschaft aus (berühmter) Natur und (berühmter) Architektur erkennen und lieben dürfen, aber die in dieser Landschaft und Natur und Architektur existierenden und sich von Jahr zu Jahr kopflos multiplizierenden schwachsinnigen Bewohner und ihre gemeinen Gesetze und noch gemeineren Auslegungen dieser Gesetze haben das Erkennen und die Liebe für diese Natur (als Landschaft), die ein Wunder, und für diese Architektur, die ein Kunstwerk ist, immer gleich abgetötet, immer schon gleich in den ersten Ansätzen abgetötet, meine auf mich selber angewiesenen Existenzmittel waren immer gleich wehrlos gewesen gegen die in dieser Stadt wie in keiner zweiten herrschenden Kleinbürgerlogik."[5]

An der Herstellung, Verbreitung und unablässig wiederholten Beschwörung der schönen Stadt und des schönen Landes beteiligten sich unzählige Instanzen. Politiker, Reisende, Schriftsteller, Künstler, Filmemacher[6] und Ideologen jeglicher Provenienz spielten dabei eine Hauptrolle.

Als zwei ideen- und stilbildende Väter des Salzburg-Mythos können Georg Trakl (1887-1914) und Hugo von Hofmannsthal (1874-1929) betrachtet werden.

Das Werk Trakls wurde von den Salzburg-Ideologen in unzulässiger Weise verkürzt auf einige Gedichte und als solches progagiert: z. B. *Musik im Mirabell, Am Mönchsberg, Anif, In Hellbrunn, Die drei Teiche von Hellbrunn, St.-Peters-Friedhof,* insbesondere aber *Die schöne Stadt*[7]. Trotz aller späteren poetischen Ausmalungen und Erweiterungen ist *Die schöne Stadt* d a s poetische Modell für fast alle nachfolgenden Lieder, Sonette und Hymnen auf Salzburg: sonnig schweigende Plätze, traumhaft hastende Nonnen, schöne Schilder, Kronen, Kirchen, Brunnen, zitternd flatternde Glockenklänge, helle Musik durch der Gärten Blätterrahmen, Weihrauch, Flieder, schwirrendes Lachen schöner Damen. Noch die eindeutigen Hinweise auf Dekadenz und Verfall in einigen Salzburg-Gedichten Trakls werden – gegen die Aussage der Texte – in das Schönheits-Konzept integriert. Trakls harmonistische Salzburg-Lyrik wurde gar in Marmor gemeißelt und schmückt mehrere Gebäude der Stadt.

Ein anderer Mythosbegründer heißt Hugo von Hofmannsthal. Schon als 17jähriger erahnte er – als feinnerviger Beobachter der Feiern zur Wiederkehr des 100. Todestages Mozarts in Salzburg (1891) – die Prädestination des Ortes für das Mozart-Festefeiern. Das Städtchen strahlte vor Vergnügen vor allem wegen des anlaufenden Fremdenverkehrs, aus der Taufe gehoben durch den Genius loci. Zugleich kämen nicht nur die Ökonomen, sondern auch die Ästheten, die Chercheurs de sensation, auf ihre Rechnung.

> „Die Stadt ist ja so schön, in allen frauenhaft wechselnden Nuancen [...] Barock und Rokoko haben in Salzburg noch immer das Übergewicht über moderne Stillosigkeit."[8]

Ein Vierteljahrhundert später sollte für Hofmannsthal die schöne Stadt mit Hilfe der Festspiele Ausgangspunkt eines Heilungsprozesses der durch den verlorenen Krieg zerklüfteten deutsch-österreichischen Nation sein. Von Salzburg aus, dem „Herz[en] vom Herzen Europas"[9], sollte u. a. eine katholisch-barocke Botschaft der Gegenemanzipation, der Einordnung in eine für alle Zeiten göttlich vorgegebene Ordnung, in die Nachkriegswelt ausstrahlen. So verkündete es das für Salzburg geschriebene programmatische Mysterienspiel *Das Salzburger Große Welttheater* (1922).

Hofmannsthal wollte nach dem Zusammenbruch und Auseinanderbrechen des Habsburgerreiches im Jahre 1918 und in der Konfrontation mit der neuen Republik, dem kleinstaatlichen Deutsch-Österreich und nicht zuletzt als Gegenpol gegen das sich klassenkämpferisch gerierende Wien ein geschlossenes konservatives Weltbild vermitteln und es als allgemeinverbindlich in angeblich orientierungsarmen, republikanischen Zeiten anpreisen.

Die weihrauch-gesättigte Atmosphäre des neuen Festspiels stieß Karl Kraus ab, die neuen Festspiele dienten bloß dazu, eine geistig und durch die Haltung während des Krieges auch moralisch abgewirtschaftete Bourgeoisie erneut als kulturell hochstehend auszuweisen.

Hofmannsthal hatte sich während des Krieges wie viele seiner österreichischen Schriftsteller-KollegInnen als Kriegspropagandist betätigt. Zum Thema „Krieg und Kultur" hatte er 1915 gemeint, man könne keineswegs davon sprechen, daß Grillparzers Befürchtung „Von der Humanität – durch Nationalität – zur Bestialität" durch diesen Krieg Wirklichkeit geworden sei, denn: „Wir ahnen, daß [...] die geistige Welt dadurch, daß Europa diesen Weg gegangen ist, bereichert wurde um Elemente, deren Kostbarkeit der ‚Humanus' des achtzehnten Säkulums weder wahrnehmen noch vermuten konnte." Grillparzer „hätte alles, [...] wovon wir heute den gewaltsamsten und großartigsten Ausbruch erleben, mit Bitterkeit abgelehnt [...] Wir vermögen nicht so zu urteilen." Den Krieg hatte Hofmannsthal eine „grandiose Dissonanz" genannt, die die Kraft und den Sinn habe, die europäische „Mission Österreichs" zu beglaubigen und den „hohe[n] Begriff des Volkes, welchen dieser Krieg uns wieder geoffenbart hat", zu seinem Recht kommen zu lassen.[10]

Karl Kraus schrieb über den großen Salzburger Welttheater-Schwindel:

> „Ich weiß ja nicht, ob eine Kirche noch geschändet werden kann, die während eines Weltkrieges, der als internationales Gaunerstück sicherlich nur der Prolog im großen Welttheater war, das Walten der giftigen Gase gesegnet und nach ihm die Muttergottes mit der Kriegsmedaille dekoriert hat. Wenn aber an dieser Kirche, aus der Gott schon ausgetreten sein dürfte, bevor sie den Welttheateragenten ihre Kulissen und den Komödianten ihren Weihrauch zur Verfügung stellte, wenn an dieser Kirche noch etwas zu schänden war, so dürfte es doch jener Altar sein, der den Herren Reinhardt, Moissi und Hofmannsthal, diesen tribus parvis impostoribus als Versatzstück gedient hat, damit sie an ihm etwas verrichten, was ein blasphemischer Hohn ist auf alle Notdurft dieser Menschheit."[11]

In seinen Erklärungen für die Gründung von Festspielen gerade zu Salzburg kam Hofmannsthal nicht ohne stammestümelnde Mythisierungen aus. Gerade in Salzburg sei noch jene „süddeutsche Stammeseigentümlichkeit"[12] zu spüren, jener „Urtrieb des bayrisch-österreichischen Stammes", der für die Feier von festlichen Spielen prädestiniere.

> „Der Festspielgedanke ist der eigentliche Kunstgedanke des bayrisch-österreichischen Stammes. [...] Südlichdeutsches Gesamtleben tritt hier hervor; der gewaltige Unterbau ist mittelalterlich, in Gluck war der Vorgipfel, in Mozart war der wahrhaftige Gipfel und das Zentrum: dramatisches Wesen und Musikwesen ist eins – hohes Schauspiel und Oper, stets nur begrifflich geschieden, im Barocktheater des siebzehnten Jahrhunderts schon vereinigt, in der Tat untrennbar. Hier tritt Weimar an Salzburg heran; was an Goethe wahrhaft theatralisches Element war [...], ist ein großartiges Übereinanderschichten aller theatralischen Formen, die dem süddeutschen Boden entsprossen sind: vom Mysterium und der Moralität über das Puppenspiel und das jesuitische Schuldrama zur höfischen Oper mit Chören, Maschinen und Aufzügen. [...] So tritt Weimar zu Salzburg [...] Süddeutsche Stammeseigentümlichkeit tritt scharf hervor und zugleich tritt das Zusammenhaltende vor die Seele. Nicht anders kann als in solcher Polarität das im tiefsten polare deutsche Wesen sich ausdrücken; so war es zu den Zeiten des alten ehrwürdigen Reiches, so soll es wieder sein."[13]

Hofmannsthal brachte zum Ausdruck, was seitdem in ähnlichen Formeln abgehaspelt wurde, die sich – sowohl in ständestaatlichen und nationalsozialistischen als auch in republikanischen Zeiten – zur jeweiligen beweihräuchernden Selbstdarstellung und zur Wirklichkeits-Ausblendung gut eigneten: das deutsch-österreichische und barock-katholische Salzburg als begnadeter Ort der Musen oder – mitten im Eroberungs-Krieg des Jahres 1941 formuliert – Salzburg als Insel der Seligen voll kultiviertem Leben, als sichtbarer harmonisch-festlicher Ort, anzeigend „Rang und Kraft und Sendung unseres ganzen Volkes"[14] im Gegensatz zum fehlenden Kulturzentrum der Horden aus dem Osten oder – formuliert anläßlich der Eröffnung des Großen Festspielhauses im Jahre 1960 vom damaligen Landeshauptmann Dr. Josef Klaus:

> „Der Geist Salzburgs heißt Mozart. Sein Schaffen fällt in eine Zeit, die noch einen geschlossenen Stil und ein universales, hierarchisches Weltbild hatte. [...] die universale Kirche und das universale Reich verliehen Salzburg den Charakter der Internationalität. [...] So ist der Geist Mozarts universal, europäisch, völkerverbindend geworden und wird es gerade jetzt mehr von Jahr zu Jahr. Ist das nicht auch die Aufgabe Österreichs in dieser Zeit? Und die besondere Aufgabe Salzburgs ist es, diesen Geist rein zu erhalten, zu intensivieren und der Welt weiterzugeben."[15]

Kriegs- und unmittelbare Nachkriegszeiten scheinen jeweils besondere Blüten salzburgisch-mythischer Manifestationen hervorzurufen.

Ich beziehe mich im folgenden insbesondere auf die Zeit nach 1945 und greife einige kleine Beispiele heraus. Im Kontext einer Situation, in der es – insbesondere während des Kalten Krieges – nicht opportun war, die vertriebene Exilliteratur und ihren Erfahrungsschatz heimzuholen oder die Gewaltgeschichten Österreichs, Ständestaat und NS-Herrschaft zu thematisieren, und in der ein überkommenes Geschmacksklima dafür sorgte, moderne literarische Bestrebungen mit bekannten eingeschliffenen Ausgrenzungsfloskeln zu brandmarken, in solchen Zeiten blühte Österreich-Ideologisches, oft in Form des harmonistisch-trivialen Rückgriffs auf die Habsburgerzeit. Salzburg-Mythisches in Form von Barock- und Mozart-Verklärung, als Rückgriff in eine nicht mehr unmittelbar bewegende Vergangenheit oder auch als Rückgriff auf eine idyllisierende Heimat- und Mundartliteratur sind weitere Aspekte dieses Syndroms.

Ewiges Österreich

Hans Nüchtern: Österreich (1946)

Umflügelt von Hügeln, gebettet in Wein,
Liegt weit und herrlich mein Land.
In das, gekeltert aus Sonnenschein,
Ewiges, Schönstes gebannt.
[...]
Es war nie ein Land für Haß und Zwang ...

Schönes Salzburg

Hans Nüchtern: Ein heiteres Lied ...

Ein heiteres Lied schwebt auf den hellen Wogen,
Scheint lockend sich mit Jubellaut zu krönen
Rauscht um der Stadt begrüntem Uferbogen
Wie milden Hauches lächelndes Versöhnen.

[...]

Ein Kelch der Schönheit, angefüllt zum Rande,
Im einzelnen gleich herrlich, voll und ganz
Rauscht hier Musik, ein Quell des Ewigschönen;

Lichtschweigend wacht der Berge hoher Kranz.
Und eine Weihe ruht auf diesem Lande, .
Ein klingend Licht von Farben und von Tönen.[16]

Gert Kerschbaumer hat den Vorschlag gemacht, die nach 1945 verbreitete Literatur zum Thema „Salzburgs Glanz und Gloria" oder die fröhlichen literarischen Reisen in die Vergangenheit Salzburgs – man könnte von einem neuen Bedürfnis nach nicht mehr bedrängender, also abgestorbener Geschichte sprechen – unter dem Gesichtspunkt konfliktfreier Entlastung für die Verfasser solcher Werke bzw. unter dem Aspekt der problemlosen Integration in den Literaturbetrieb der Zweiten Republik zu betrachten.[17] Denn bei näherem Zusehen stellt sich heraus, daß viele Beiträger zum Salzburg-Mythos ehemals in den NS-Literaturbetrieb integriert waren und ihre manifest-politische Identität, wie sie z. B. in ihren Werken aus der Kriegszeit zum Ausdruck kam, nach dem Krieg einfach abschüttelten und ihre unverfängliche Heimat- oder Salzburg-Identität übrigblieb, die sie jetzt verstärkt ausstellten.

Die Produktion Pert Peternells oder auch die von Erwin H. Rainalter sind nur Beispiele unter vielen, mit denen man sich unter dem erwähnten Gesichtspunkt beschäftigen könnte. Erwin H. Rainalter reüssierte z. B. 1942 mit seinem Salzburg- und Salome Alt/Wolf Dietrich-Roman *Mirabell*:[18] „ein Frauenschicksal, in dem alle Höhen und Tiefen des Weibtums durchmessen werden. [...] Und sie gehörte ihm an mit jener Selbstverständlichkeit, mit jener Demütigkeit und Ergebung, deren nur das größte und reinste Gefühl fähig ist." (S. 502f) Nach dem Krieg folgte eine weitere literarische Reise in die Salzburger Vergangenheit, und zwar mit dem Roman *Hellbrunn*[19], einem Wolf Dietrich- und Markus Sitticus-Roman. Die LeserInnen konnten ein historisches Ambiente genießen, das nichts mit bedrängender unmittelbarer Vergangenheit zu tun hatte.

Ergiebiger in diesem Zusammenhang ist jedoch Pert Peternells Werk, weil Peternell in allen angesprochenen Feldern tätig war, nach dem Krieg hauptsächlich als Mundartdichter und Verfasser von Erzählungen aus Salzburgs und Österreichs Geschichte[20], einer die NS-Zeit weitestgehend ausblendenden und beschönigenden Salzburg-Chronik (1960), eines „Portraits des Salzburger Landes" mit dem Titel *Dies Bildnis ist bezaubernd schön* (1967), eines Salzburg-Wanderführers (1964), nicht zuletzt aber als Verfasser von Mozart-Romanen, die in den 50er Jahren häufig gelesen wurden: *Die Last der Gnade* (1954) und *Gefährtin der Unsterblichkeit* (1956).

1941 hatte Peternell einen Salzburger Paracelsus-Roman mit dem Titel *Der König der Ärzte* veröffentlicht, der bis 1943 sogar drei Auflagen erlebte und deutsch-völkische Freund- und Feindbilder enthielt, die den Erwartungen und Kriterien der NS-Literaturkritik entsprachen, weswegen das Buch auch vom NS-Jahresgutachtenanzeiger der sog. Rosenberg-Reichsstelle „positiv" bewertet wurde. Zugleich betätigte er sich in der Salzburger Presse als „witzelnder" Kriegspropagandist gegen England und Frankreich.[21] Enttäuscht von „klerikaler Heimtücke" und von der Sozialdemokratie, wie er in seinem Aufnahmeantrag in die Reichsschrifttumskammer schrieb, war Peternell zur NSDAP gestoßen.

Aufschlußreich für unseren Zusammenhang sind seine beiden Mozart-Romane aus 1954 und 1956. Der erste, *Die Last der Gnade* (1954), erzählt die Lebensgeschichte Mozarts bis zum Tode Leopolds. Bemerkenswert ist, daß sich Peternell antijüdisch gefärbtem Ressentiment nicht enthält, indem er die Person des deutschen Mozart gegen den undeutschen, unsteten, unverläßlichen, bloß nachschöpferischen, hinterlistigen und bloß auf materiellen Gewinn schielenden Lorenzo da Ponte ausspielt.[22] Peternells *Die Last der Gnade* war 1955 das meistgekaufte Werk des weihnachtlichen Buchmarktes, wußten die *Salzburger Nachrichten* zu berichten, die Literaturkritik attestierte dem Verfasser „reife Meisterschaft" und „ungeschraubte Erzählkunst", „frei von aller Versüßlichung". „Peternell besitzt die selten gewordene Gabe, das Künstlerische mit dem Menschlichen zu einem Akkord zu vereinen, der geschriebene Musik ist …" *(Westfälische Zeitung)*

Der im Mozart-Jahr 1956 veröffentlichte Roman *Gefährtin der Unsterblichkeit* [23] erzählt die Wiener Jahre Mozarts bis zu dessen Tod, die weitere Lebensgeschichte der Constanze Mozart als Madame von Nissen sowie die feierliche Denkmalsenthüllung auf dem Salzburger Michaelsplatz im September 1842.

Peternell schildert eine alle Klassen und Stände umfassende Huldigung. Mozart wird als Heiligenfigur auf einen Ersatz-Altar gehoben. Blumengirlanden, kostbare Teppiche, Trompetensignale, Böller-Salven, Kerzen, ein Fackelzug, ein flammendes „M" bildend, und die Kulisse der Stadt begrüßen Mozart als einen in die Welt herabgestiegenen und anwesenden Gott. Das Volk, die gebildeten, die reichen Bürger und die weltliche und kirchliche Herrschaft schaffen sich eine Identifikationsfigur. Die beiden Söhne Mozarts, Wolfgang und Carl Thomas, läßt Peternell schließlich durch die schöne Stadt wandeln und den die Stadt durchwehenden Genius Mozarts „schweigend und verträumt" erleben, sozusagen als Handlungsanleitung für den Leser und die Leserin. Wie in Anton Pichlers zweiter Strophe der Salzburger Landeshymne „schreitet durch einsamer Straßen Sinnen/Mozart und seine Unsterblichkeit". Der Roman endet mit den folgenden quasi-metaphysischen Trivialsätzen, den Salzburg-Mythos umspielend:

> „Denn klein ist in Salzburg der Schritt vom Heute ins Gestern, klein wie jener von der Vergangenheit zur Gegenwart. Vor der harmonischen, unvergleichlichen Szenerie der Mauern und Felsen, der Kuppeln und Türme versinken die Jahrhunderte, verharrt die Zeit …"

Fast keine literarische Salzburg-Anthologie kam bis vor einem Jahrzehnt ohne Trakls *Die schöne Stadt* aus. Eligius Scheibls Lyrik-Anthologie, der allgemein grassierenden „Unsicherheit [nach dem Zweiten Weltkrieg, K. M.] die Reinheit und Kraft der lyrischen Empfindung tröstlich" entgegensetzend, wie es im Vorwort heißt, nennt sich nach Trakl *Die schöne Stadt* (1952).[24] Insbesondere Vertreter aus dem katholisch-konservativen und dem deutsch-völkischen und NS-Lager – z. B. Franz Karl Ginzkey, Josef Weinheber, Erich Landgrebe, Hans Deißinger, Erna Blaas, Karl Heinrich Waggerl, Hermann Heinz Ortner – fungierten als verklärende Beiträger, einige wenige aus der damals jungen Autoren-Generation, auch einige ehemalige Emigranten kamen zu Wort, sozusagen als Alibi-Stimmen, als Beleg-Lieferanten für die einigende und überbrückende Kraft des Mythos – z. B. Ernst Schönwiese, Carl Zuckmayer, Jakob Haringer und Stefan Zweig – mit dem Gedicht „Blumen" – einem Text ohne Salzburg-Bezug. Störendes, den versprochenen Trost Verfehlendes, bedrängende Vergangenheiten Aufwühlendes blieben ausgespart.

In Stefan Zweigs *Welt von Gestern* aber ist auch, wenn er über Salzburg spricht, von Bitternis die Rede.

> „An Salzburg, der Stadt, wo das Haus stand, in dem ich zwanzig Jahre gearbeitet, fuhr ich vorbei, ohne auch nur an der Bahnstation auszusteigen. [...] Und in dem Augenblick, wo der Zug über die Grenze rollte, wußte ich wie der Urvater Lot der Bibel, daß alles hinter mir Staub und Asche war, zu bitterem Salz erstarrte Vergangenheit."[25]

Auch die Erfahrungen eines Alexander M. Frey bleiben unerwähnt. Frey, zwischen 1933 und 1938 in Salzburg ansässig und einer der wenigen, die literarisch ein anderes Salzburg beschrieben, so z. B. in dem Roman *Hölle und Himmel*[26], erlaubte sich keine Flucht vor der Realität der anbrechenden NS-Zeit, schloß sich nicht im Elfenbeinturm des Salzburg-Mythos ein, sondern leistete einen Beitrag zur Entlarvung der falschen Propheten, indem er die schon hitlerisch verseuchte Atmosphäre und Bürokratie im Sommer 1937 schildert. Freys Blickweise war aber damals unerwünscht, sein Roman lange Zeit völlig vergessen.

Die erwähnte Anthologie *Die schöne Stadt* (1952) ist ein Sammelbecken von Salzburg-Klischees aus der Feder prominenter Schriftsteller, eine reiche Mixtur schön-schiefer Metaphern, einem Dichtungskonzept der Harmonisierung, des schönen Scheins, den tradierten Formen der Poesie und einer überkommenen Genie-Ästhetik verpflichtet. Ähnliches trifft noch auf eine

Sammlung von Gedichten zu, die 1970 unter dem Titel *Salzburg. Lob eines schönen Landes*[27] erschien.

Der Sammelband *Dichtung aus Salzburg* (1972)[28] enthält hingegen sogar Beiträge, die sich aus einer bedenklichen „Einheimischen"-Perspektive mit der „geliebten Stadt" beschäftigen. Bei Erna Blaas, einer ehemaligen NS-Hymnikerin, in den 50er Jahren für ihr Gesamtwerk mit dem Trakl-Preis für Lyrik ausgezeichnet und später zur Doyenne der Salzburger Schriftstellerinnen avanciert, heißt es z. B. vielsagend:

> „Geliebte Stadt, daß wir dich wiederhaben,
> so eng und winkelig, so altvertraut!
> [...]
> Wie war es sommers in den Gassen laut -
> ein Schwall von Stimmen aller Idiome,
> ein Wimpelwehn für jeder Farbe Haut,
>
> die Luft verwirrt durch seltsame Arome!
> Und von den Türmen her scholls: ‚J-e-d-e-r-m-a-n-n',
> als gälte es nicht allein dem Spiel vorm Dome,
> so daß uns linder Schauer überrann ..."[29]

Solche fremdenfeindlichen und elitären Jeremiaden erinnern fatal an eine Salzburger Tradition, wie sie seit den 20er Jahren – auch von hochgeschätzten Salzburgianern – wiederholt ausgedrückt wurden. So mokierte sich z. B. der Wahlsalzburger Hermann Bahr über die Auswirkungen des Festspielbetriebes auf das Bild der sommerlichen Stadt in einem Brief vom 26. September 1920 an seinen Freund Josef Redlich mit folgenden Worten:

> „[...] dann trieb die mit ungestümer Macht auf ‚Jedermanns' Ruf über unsere unglückliche Stadt hereinbrechende Hebräerflut [...] uns weg, wir flohen nach Berchtesgaden, [...] indessen entwickelt sich mein liebes Salzburg rapid zur ordinären Schieberstadt, so daß mir der Abschied leicht wird."[30]

Schön-schiefe und abgegriffene Metaphorik zeichnet *Die schöne Stadt* (1952) aus.[31] Bei Franz Karl Ginzkey hebt „die verklärte schöne Stadt" ihre „Schultern wie zum Tanze", „Wälscher Meister Marmorträumen,/Deutscher Fürsten Tatendrang/Und der Salzach Silberschäumen" „einen" sich zum „Chorgesang", „Die Getreuen auch, die Toten,/Mühn sich, hier am Werk zu sein". Der Genius loci läßt nach Ginzkey hier am Ort „unser Herz in Melodien" „erzittern", und „wie befreit von allem Bösen/strahlt der Tag, im Klang erhellt".[32]

Josef Weinheber besingt die schöne Stadt, „so frauenfein und männerhart" und läßt sich zu folgenden Versen hinreißen:

„[…] In der Welt gedeihn
die größern Dinge, wohl auch die gemeinen.
Mozart hast d u geboren. Um der e i n e n
erlauchten Tat sollst du verherrlicht sein!"

Abschließend heißt es:

„Das Deine ist die Kunst. Bewahr das Deine!
[…] – ins Allgemeine
wirkt deine Kraft: welthafte deutsche Welt"[33]

Schon 1941 wurde dieser Text im *Ersten Kunstjahrbuch des Reichsgaues Salzburg* veröffentlicht, drei Jahre nach der Salzburger Bücherverbrennung und kurz nach der nazistischen Jubel-Meldung, daß die Stadt gänzlich judenfrei sei, sowie im Jahr der Gründung des rein „arischen" Salzburger Dichterkreises unter der Leitung Karl Springenschmids. 1952 durfte dieses Gedicht der „Unsicherheit […] tröstlich" entgegenwirken, wie es im Vorwort der Sammlung *Die schöne Stadt* (1952) hieß.

In anderen Gedichten der Anthologie geht in Salzburg des heiligen Rupertus' Lobgesang in Mozarts Geigen ein, in einem *Salzburger Sonett* heißt es:

„Der Genius warf den Reichtum seiner Töne,
den Springquell der Musik so hoch empor,
daß dieser sich im Göttlichen verlor –
und fallend dann die Melodie in schöne

Geländer, hier in Treppen, dort in Plätze
sich ausgoß und im edlen Stein gefror;

[…]

Kristallen tönt die Stadt zum hohen Feste
und öffnet sich und macht sich herrlich weit,
geblendet und erhoben sind die Gäste

vom großen Spiel, von Glanz und frommer Lüge:
damit ein jeder diese Stadt ertrüge,
durchwirkt sie ihren Geist mit Heiterkeit."

In anderen Gedichten wieder tönt deines Sohnes Zauberflöte im Wind – „Südlichste von allen Städten,/buntes Tor Italia,/Nordengeist dem Süd zu retten,/Zu versöhnen bist du da", „und dein Geistgezeugtes bleibt", „Schöpferstadt und Stadt des Gebens,/Nimm auch mich in deine Hut!", „führst in Bezirke Du, die Menschen niemals fassen", „den Sinn, in reinen Harmonien und Tönen/hat Dir, durch Gott, Dein Genius bestimmt", „Ich stehe, schaue. […]/Am Welterhabenen stirbt alle Trauer".

Der Himmel blaut, der Dome Kuppeln strahlen schimmernd auf, Glocken schwingen hoch hinauf, die Festung glänzt, am Residenzplatz rauscht der Brunnen wieder, und alle Winde haben sich versöhnt, leise fällt der erste Frühlingsregen. Im März 1938 hatte jene Autorin, der diese Sätze einfielen, unter dem Titel *Frühling 1938* gemeint: „Nein, diesen Frühling raubt uns keiner mehr [...] Nun aber sind wir, Frühling, wie noch nie/all deiner Gnade herrlich aufgeschlossen [...]", denn „selbst das Blut, das frevelhaft vergossen [...] ward Blüte nun im Kranz der großen Stunden."[34] Salzburger Frühlinge jedenfalls.

Hermann Heinz Ortner, vor 1945 prominenter Nationalsozialist, nach 1945 Initiator des von der Stadt Salzburg mit hohen Geldbeträgen unterstützten, aber schließlich gescheiterten Mammutprojekts einer Salzburger Musikolympiade – der Spatenstich für das Musik-Olympiahaus hatte schon stattgefunden – besingt sein ewiges Salzburg: „Ich habe Dich – Du Stadt bist mein/und nichts will ich – als in Dir sein. [...] Ich habe Dich – und habe mich/Und leb in Dir – unsterbiglich."

Auch Erna Blaas' *Pongauer Bauernhaus* kommt wieder zu Ehren als Beitrag zur Illustrierung Salzburger Eigenart. „Festverwurzelt steht das ganze Haus:/Von ihm geht geheime Urkraft aus", heißt es in der Sammlung *Salzburg. Lob eines schönen Landes* (1970). In der *Salzburger Soldatenzeitung* aus den Jahren des Zweiten Weltkriegs lautete der Text noch anders. Als Beitrag zur Stärkung der Heimatfront war er gedacht. Damals gingen aus dem festverwurzelten Pongauer Bauernhaus noch die „Unbesiegbaren" auf die Schlachtfelder Europas aus.

In Hans Deißingers nicht nur in dieser Anthologie abgedruckten *Hymnus an Salzburg*[35] ist Salzburg blühender Kelch unter Göttersternen, zwingt die Fremde, seine Söhne im sieghaften Strahl ihrer Schöne einend, Salzburgs Atem durchwürzt golden die Lüfte, Harmonien läutet der Wind, „Tanz deiner Düfte/atmete Mozart", „nördliches Auge vor südlicher Welt", „zeitüberbrückend, länderumgreifend,/Mahnmal inmitten des Weltenbrands,/Sendung der Menschheit entgegenreifend: Salzburg, Gelöbnis des Abendlands!"

Spätestens Mitte der 70er Jahre war es mit dieser Art von Glanz- und Gloria-Dichtung vorbei, eine neue Form differenzierterer Wirklichkeits-Registratur, Vergangenheit und Gegenwart umfassend, setzte sich bei Schriftstellern durch. Beginnend mit Einzel-Veröffentlichungen u. a. von Gerhard Amanshauser, Franz Innerhofer und Thomas Bernhard folgten in den 80er

Jahren einige salzburg-kritische Sammelbände, so z. B. *Kein schöner Land* (1981), herausgegeben von Christoph W. Aigner, die Sammlung *Angstzunehmen* (1983), herausgegeben von der Salzburger Autorengruppe mit einigen salzburg-relevanten Texten u. a. von Christine Haidegger, und der Band *Leben in Salzburg* (1987), Texte, die für einen Wettbewerb zum selben Thema geschrieben wurden. Ca. fünfzig AutorInnen kommen in diesen Bänden insgesamt zu Wort.

Gleichzeitig erschienen seit dem Beginn der 80er Jahre Einzelveröffentlichungen und neue literarische Heimatvermessungen mit unübersehbarem Salzburg-Bezug, so z. B. Gerold Foidls Nachlaßroman *Scheinbare Nähe* (1985), bearbeitet von Peter Handke und versehen mit einem aufschlußreichen Nachwort von Dorothea Macheiner, Walter Kappachers „Fiktion vom aufrechten Gang" mit dem Titel *Touristomania* (1990) oder Fritz Popps Erzählungen *Schlechte Jahrgänge* (1990) sowie schon 1981 der Band *Menschen am Land* oder die „Geschichten von und über Heimat" mit dem Titel *Abschied und Ankunft* (1988), in denen z. B. O. P. Ziers Erinnerungen an das ländliche Leben in Salzburg in die Abrechnung mit jenen Instanzen münden, die bestimmen, was salzburgische Heimat bedeuten soll: bewußt habe er zu erleben begonnen, „daß all das, was man als ‚Heimat' ausgab, dort zu finden wäre, wo ich mich mit Sicherheit nicht zu Hause fühlen konnte, von einem Daheimsein ganz zu schweigen."[36] Noch 1990 konnte man in einer offiziellen Broschüre anläßlich des repräsentativen Salzburger Landesfestes – unterstützt von allen politischen Verantwortlichen von Stadt und Land Salzburg – Aufschlußreiches über das Traditionsverständnis der Heimatverbundenen lesen: Nach dem Krieg hätte es gegolten, sich gegen eine übermächtige Flut fremdländischer Kultur und Unkultur zu behaupten, so lautete die Aussage in der Beilage zur offiziellen *Salzburger Landes-Zeitung* im Jahr 1990.

Gerhard Amanshauser war einer der ersten, der mit seinen *Salzburger Marginalien/Ärgernisse eines Zauberers* (1973), aber auch mit seinem *Terrassenbuch* (1973) verschiedene Versatzstücke des Salzburg-Mythos aufgriff und ihnen satirisch neue Bedeutungen abgewann. Mit den *Lokalpatriotischen Entwürfen* (1987) setzte er diese Methode fort. Auch sein Beitrag *Daheim* in einer von Alois Brandstetter herausgegebenen Heimatgeschichten-Anthologie[37] ist aus Amanshausers Salzburger Heimaterfahrung heraus verfaßt, die in der ironischen Beobachtung gipfelt, daß die „Heimatverbundenen, wie sie sich mit ihren Emblemen durch meine Heimatstadt bewegen und einander, von Gemüt zu Gemüt, befühlen und betasten", „wie in der Moral so auch in der Heimat sozusagen [...] viel daheimer [sind] als ich es je sein könnte. Daheim ist daheim, sagt ein Sprichwort. Aber manche sind daheim viel daheimer als andere."

Amanshausers nüchtern-ironischer Blick läßt den Genius loci nicht als rokokohaften Götterjüngling im „Morgenschein durch Mirabell"[38] trippeln, sondern entlarvt die mammonhafte Leichenfledderei des Fexen, wie der Komponist zu Lebzeiten beschimpft wurde: „Es besteht keine Gefahr, daß er [Mozart, der ehemalige Fex] seinen Interpreten beschimpft oder verlacht; im Gegenteil: er macht ihn zum Millionär. Vom Maestro bis zum letzten Stümper – er hält sie alle aus!"[39]

Wenn Amanshauser an Gotik und Barock denkt, dann werden ihm schöne Portale zu Zufluchtsstätten für nackte Touristenarme und -beine (*Autobusinhalte*), zu Wasserbecken fallen ihm Schutzfirnis und Ölbehandlung ein (*Wasserspiele*), und Kirchen erinnern ihn daran, daß „man [sich] leicht an ihnen verbrennen [konnte]; einige Unvorsichtige wurden zu Asche". (*Die Kirchen*)

Erklärte Absicht von Thomas Bernhards autobiographischen Schriften war es, gegen die „Verschönerung" und die „unzulässige Abschwächung" anzuschreiben, wie es in der *Ursache* (1975) heißt. Bernhards Text lebt von der Spannung zwischen der als weltberühmt und absolut schön gepriesenen Stadt und der Erfahrung, „fortwährend von dieser weltberühmten Schönheit erdrückt" zu werden.

> „Die Schönheit meiner (einer) Heimat ist nur ein Mittel, ihre Gemeinheit und ihre Unzurechnungsfähigkeit und Fürchterlichkeit, ihre Enge und ihren Größenwahnsinn mit erbarmungsloser Intensität fühlen zu lassen."[40]

Die *Ursache* benennt, beglaubigt durch die Kindheits- und Jugenderfahrungen Bernhards, die in den toten Winkel des Salzburg-Mythos geschobenen Bezirke. Bernhards Text ist versetzt mit Leitwörtern des Salzburg-Mythos: Schönheit, Geist, Schöpfertum. Nicht das Salzburger Große Welttheater – die Rollen gerecht von einem Gott verteilt – wird zur Erbauung gespielt, sondern ein negatives Theatrum mundi, Aufführungsort Salzburg, in dem nicht der Geist, sondern die Geistlosigkeit, nicht das Schöpferische, sondern „das (oder der) Schöpferische verkümmern und verkommen und absterben muß".

So sehr die *Ursache* wahrheitsgetreue Erinnerung ist, so sehr ist sie Abrechnung mit dem Salzburg-Mythos. Bernhard erinnert an nazistische und katholische Züchtigungsmethoden und die Täter, an Zwangsarbeiter, die beim Bau der Salzburger Staatsbrücke eingesetzt waren, an die in den Luftschutzkellern Erstickten und aus Angst Gestorbenen, an eine abgerissene Kinderhand vor der Bürgerspitalskirche, an Holzsärgestapel und verbranntes Tier- und Menschenfleisch in der Fanny von Lehnertstraße, an den berühmten Sebastiansfriedhof als Ort todessüchtiger Meditation und an die eingeebneten Toten nach einem Bombenangriff auf den Schrannenwirt.

> „[…] und kein Mensch weiß, wovon ich rede, wenn ich davon rede, wie überhaupt alle, wie es scheint, ihr Gedächtnis verloren haben […] Geräusche und Gerüche sind augenblicklich da, wenn ich in die Stadt komme, die ihre Erinnerung ausgelöscht hat, wie es scheint, ich spreche, wenn ich hier mit Menschen spreche […], als redete ich mit einer einzigen verletzenden, und zwar geistesverletzenden Ignoration."[41]

Dies schrieb Th. Bernhard vor fast zwanzig Jahren. Seither dürfte sich nicht viel geändert haben. Ignoration scheint in dieser Stadt zumindest für Menschen mit einem feinen Sensorium noch immer spürbar und eine Punze der weltbekannten Kulturstadt zu sein. In der letzten Nummer einer jungen, in Salzburg erscheinenden Zeitschrift mit dem Titel *LILLEGAL* finde ich den Satz: „fremder kommst du nach sa/schweig/worüber man nicht reden will."[42]

Anmerkungen

1 G. Amanshauser: Generalsanierungsplan für Salzburg. In: Fahrt zur Verbotenen Stadt. Satiren und Capriccios. Salzburg, salzburger AV edition 1987, S. 9-11

2 Als Antwort auf ausländerfeindliche Aktivitäten in der Mozartstadt Salzburg formulierte das Salzburger Stadtoberhaupt: „Salzburg ist eine weltweit geachtete Kulturstadt, das konnte ich bei meinem kürzlichen USA-Aufenthalt neuerlich erfahren." (Salzburger Nachrichten, 17.10.1991)

3 G. Amanshauser: Salzburger Marginalien. In: Ärgernisse eines Zauberers. Satiren und Marginalien. Salzburg, Residenz Verlag 1973, S. 7-26. Für unseren Zusammenhang ebenfalls relevant ist das Kapitel Das Terrassenbuch aus demselben Band (S. 81-113).

4 Ein Tag im alten Salzburg. Hg. von Bertram Kircher. München, Knaur Verlag 1990

5 Thomas Bernhard: Die Ursache. Eine Andeutung. 8. Aufl., München, dtv 1988 (1. Aufl. Salzburg, Residenz Verlag 1975), S. 9

6 Vgl. Salzburg im Spielfilm. In: Salzburger Kulturlexikon. Hg. von Adolf Haslinger und Peter Mittermayr. Salzburg, Residenz Verlag 1987, S. 417-419 – Christian Strasser: The Sound of Klein-Hollywood. Filmproduktion in Salzburg – Salzburg im Film. Wien, Österreichischer Kunst- und Kulturverlag 1991

7 Vgl. Friedrich Johann Fischer: Georg Trakls Salzburger Spaziergänge. In: Salzburg. Natur. Kultur. Geschichte 1 (1960), F. 2, S. 30-32

8 H. v. Hofmannsthal: Die Mozart-Zentenarfeier in Salzburg/Gesammelte Werke 1979, 515 f

9 H. v. Hofmannsthal: Die Salzburger Festspiele 1917/1919. Gesammelte Werke 1979/Reden und Aufsätze II, 261

10 H. v. Hofmannsthal: Krieg und Kultur (1915)/Gesammelte Werke 1979/Reden und Aufsätze II, 418f

11 K. Kraus: Vom großen Welttheaterschwindel. In: Die Fackel, XXIV. Jahr, Nr. 601-607, November 1922, 1-7

12 H. v. Hofmannsthal: Deutsche Festspiele zu Salzburg (1919)/Gesammelte Werke 1979/Reden und Aufsätze II, S. 255. Hofmannsthals Formulierungen verraten den Einfluß des landschafts- und stammesideologisch orientierten Literaturhistorikers Josef Nadler, dessen ,Literaturgeschichte der deutschen Stämme und Landschaften' (1912ff) er tatkräftig förderte.

13 H. v. Hofmannsthal: Deutsche Festspiele zu Salzburg (1919)/Gesammelte Werke 1979/Reden und Aufsätze II, S. 255

14 Vgl. Das Flügelroß. Erstes Kunstjahrbuch des Reichsgaues Salzburg. Salzburg, Verlag „Das Bergland-Buch" 1941 (aus dem Vorwort des NS-Gauleiters und Reichsstatthalters sowie aus dem Vorwort des Herausgebers Heinrich Zillich)

15 Dr. Josef Klaus: Rückblick auf das Festspieljahr 1960. In: Salzburg. Natur. Kultur. Geschichte. 1 (Oktober 1960), F. 3, S. 6

16 In: Eligius Scheibl (Hg.): Die schöne Stadt. Ein lyrischer Spaziergang. Salzburg, Pfad Verlag 1952, S. 45 (aus: H. Nüchtern: Hornwerk und Glockenspiel. Wien, Donau-Verlag 1947)

17 Gutachten zu Salzburger Straßenbenennungen nach NS-belasteten Künstlern (im Auftrag der Stadt Salzburg) 1988

18 Erwin H. Rainalter: Mirabell. Der Roman einer Frau. Berlin – Wien – Leipzig, Karl H. Bischof 1942

19 Erwin H. Rainalter: Hellbrunn. Hamburg – Wien, Paul Zsolnay Verlag 1958

20 Z. B. Spuk in Hellbrunn. Historie und Mystik. Vergangenheit und Gegenwart in Wort und Bild. Salzburg, Das Bergland-Buch 1949 – Die österreichische Heirat. Roman 1956

21 Pert Peternell/Erich Czech (Ech/Ell): Gesichter und Gelichter. Kleiner Beitrag zu französischer Rassenkunde, Salzburger Volksblatt 25.6.1940, S. 3 – Der Räuber Matthias Kneißl, Salzburger Volksblatt 17.2.1940, S. 4.

22 P. Peternell: Die Last der Gnade. Ein Mozart-Roman. Salzburg, Das Bergland-Buch, S. 416 und 423ff

23 P. Peternell: Gefährtin der Unsterblichkeit. Ein Mozart-Roman. Salzburg – Stuttgart, Das Bergland-Buch 1956

24 Erich Landgrebe steuerte einen Bild-Zyklus mit dem Titel „Die schöne Stadt" bei.

25 St. Zweig: Die Welt von Gestern. Frankfurt a. M., Fischer 1981 (= Gesammelte Werke in Einzelbänden)

26 Alexander M. Frey: Hölle und Himmel. Zürich, Steinberg Verlag 1945

27 Salzburg. Lob eines schönen Landes. Eine Sammlung von Gedichten. Ausgewählt von Eligius Scheibl. Salzburg, Verlag Das Bergland-Buch Salzburg 1970

28 Dichtung aus Salzburg. Hg. von Erich Landgrebe. Wien, Verlag Kremayr & Scheriau 1972

29 E. Blaas: Das Spiel ist aus. In: Dichtung aus Salzburg 1972, S. 33

30 Zit. nach Ernst Hanisch: Provinz und Metropole. In: Beiträge zur Föderalismusdiskussion. Hg. v. A. Edelmayer u.a. 1981, S. 97 (= Salzburg Dokumentationen Nr. 59), S. 97

31 Eligius Scheibl (Hg.): Die schöne Stadt 1952, vgl. Anm. 16

32 F. K. Ginzkey: Lied an Salzburg. In: Die schöne Stadt 1952, S. 7f

33 J. Weinheber: An Salzburg. In: Die schöne Stadt 1952, S. 11

34 Isabella Mauracher: Frühling 1938, Salzburger Volksblatt 14.3.1938, S. 6

35 Auch in: Salzburg. Natur. Kultur. Geschichte 1 (April 1960), F. 1, S. 2

36 O. P. Zier: Heimat oder hl. Waggerl dichte für uns? In: Abschied und Ankunft. Geschichten von und über Heimat. Hg. von Hertha Kratzer und Renate Welsh. Wien, Jugend und Volk 1988, S. 53

37 Daheim ist daheim. Neue Heimatgeschichten. Hg. von Alois Brandstetter. Salzburg, Residenz Verlag 1973 (dtv 1976)

38 Z. B. F. K. Ginzkey: Klein Mozarts Morgengang. In: Die schöne Stadt 1952, S. 63

39 G. Amanshauser: Fexen. In: Ärgernisse eines Zauberers. Salzburg, Residenz Verlag 1973, S. 9

40 Th. Bernhard: Die Ursache (1975), S. 95

41 Th. Bernhard: Die Ursache (1975), S. 33

42 Anita Zieher. In: Lillegal, August 1991. Nr. 2, S. 10

O. P. Zier

„Mozart-Hias im Festzelt"

Von der Kulturbewußtlosigkeit im Salzburger Land

Prolog im Kultur-Himmel des Salzburger Landes

Wenn die Stadt Salzburg nunmehr also am Werk ist, den 101. Geburtstag der glorreichen Salzburger Mozartkugel zu feiern, dieser fürstlichen Kreation aus Umwegrentabilität und Vermarktung jenseits der Schamgrenze, so sei aus der fußtrittfreien Loge des Kommerzes auch ein Blick ins Land hinein gestattet, wo die Turbo-Milchkuh Amadé grast und irgendein besoffener Landkulturgemeinderat ins Festzelt des Nationalparks Hohe Tauern oder ins restaurierte Gemäuer eines der Kulturveranstaltungsschlösser torkelt, um zu schreien: „Jå, wånn kimmt er denn endlich, da Mozat-Hias?!"

Durch die kulturellen Niederungen der Hochalpen

Vorauszuschicken ist, daß es sich bei „TAURISKA" um den „Verein der Freunde des Nationalparks Hohe Tauern" handelt, dessen segensreiches Wirken, das von Kulturveranstaltungen wie „Prozession", „Autosegen" oder „Primizfeier" über „Paragleiten", „Heldenehrung mit Zapfenstreich", „Kleinkaliberschießen", „Modellhubschrauberfliegen" bis zu „Schützenball" und „Almabtrieb" reicht, ich mir für das erste „Salzburger Jahrbuch für Politik" (1989, Residenz Verlag) in einem Aufsatz zu untersuchen erlaubte, vorauszuschicken ist, daß TAURISKA mittlerweile geradezu zum Synonym für die offizielle Kulturpolitik des Landes Salzburg für den ländlichen Raum geworden ist, rühmt sich doch auch die sogenannte „Kulturabteilung des Landes Salzburg" mit so faszinierenden Kulturveranstaltungen wie „Glöcklerlauf", „Umzug der Perchten", „Sternsingen" oder „Salzburgisches und bayerisches Preisschnalzen". Ja, inzwischen scheint es sogar so zu sein, daß im Krankheitsbild von TAURISKA leichte Besserung auszumachen ist, die vorgebliche „Kulturabteilung" des Landes mit vielen ihrer parteifrommen Statthalter auf dem Land jedoch unerbittlich auf dem von TAURIS-KA einstmals so unerschrocken vorgegebenen Weg voranmarschiert. Eine kurze Rückblende auf das Bahn- und Dammbrechende von TAURISKA:

Was bei Alois Brandstetter vor Jahren noch Satire war, hier wird es in der Realität erprobt: „Es ist nicht gut, wenn der Tisch des Herrn und der Stammtisch zu weit auseinanderliegen." TAURISKA bringt den Tisch des Herrn und den Bierzelttisch gleichwertig in ein und dasselbe ‚Kultur'-Programm. Nicht nur die Gemeinden präsentieren sich im TAURISKA-Festmagazin in der anbiedernden Un-Sprache der Fremdenverkehrsprospekte: „Die eindrucksvolle Meßfeier und die zauberhafte Bergwelt beeindrucken jeden Teilnehmer."

Wohl keine schlechte Idee, die Bergmesse als eine Art sportlicher Mittagseinlage im Zuge der Naturkulissenbespielung zu offerieren. Vielleicht ließe sich auch eine Mozart-Messe jodeln, wo schon das Glaubensangebot mit dem Anbiederungsvokabular der Ein-Faltprospekte der Verkehrsvereine in einem Atemzug mit den abgeschmackten Vergnügungsritualen des desorientierten Gewerbes beworben wird. Fehlt nur noch die Gebirgstrachtenapplikation auf dem zünftigen Meßgwandl! – Die einheimische Bevölkerung wird ja auch zur Nationalpark-Statisterie: „Trachtenfrauen mit festlichen Überröcken." ... Die Bezugnahme auf örtliche Besonderheiten erfolgt im TAURISKA-Geist als affirmative, rührend im Ergebnis bereits im vorhinein festgelegte Übung: „2. Kapruner Herbstlichter: Heuer werden alle Veranstaltungen der ‚Herbstlichter' unter einem Thema stehen: ‚Leuchten und Leiten'. (Es soll herausgearbeitet werden, daß Kultur, Natur und Technik, so wie es in Kaprun der Fall ist, ohne weiteres nebeneinander, sogar miteinander existieren können.)" – Es soll also niemand auf die Idee kommen, eine andere Position beziehen zu wollen als jene, zu der ihn diese Veranstaltung zu „leiten" gedenkt (auf daß er eine brauchbare „Leuchte" werde?). Auch der Hinweis auf ein „Fernziel für 1994", eine „Europäische Alpen-Region-Ausstellung", spannt mühelos den Bogen von der Urgeschichte zur – Schleichwerbung: „Vom Faustkeil zum Blizzard-Ski", heißt es im Festmagazin. So genau nimmt man es nicht mit der Unterscheidung zwischen redaktionellem Text und Public Relations. Soweit ein kurzer Rückblick auf TAURISKA, fraglos der Stoff, aus dem die kulturellen Alpträume des Salzburger Landes sind.

Einer hat schon vor Jahrzehnten gewußt, wie es um die Kulturvermittlung auf dem Land in Salzburg bestellt ist: Karl Valentin. Er meinte: „Hoffentlich wird es nicht so schlimm wie es ist." – Wie konnte es nunmehr um so vieles schlimmer werden als es ist?

Nach dem Verschwinden der Provinz im Sinne jener auf das sozial fortschrittliche, aufgeklärte Wien der Zwischenkriegszeit gerichteten Gegenbewegung blieb auch nach 1945 in Österreich unter (Landes)Regierenden der Wunsch nach dem heilen Hinterland mit unproblematischen Trachten-Untertanen bestehen, Lederhosen- und Dirndlmarionetten, die im wesentlichen im Dauerrausch eines religiös-volkskulturell-parteipolitischen Statistendaseins ihre Erfüllung finden. – Man erinnere sich nur an die gespenstische Szenerie der Marsch-Orgie anläßlich des Jubiläums „100 Jahre Brauchtumspflege", als sich 1990 über 14 000 Mitglieder von Salzburger Heimatvereinen, Musikkapellen und Schützenkompanien vor mehr als 20 000 Zuschauern in der Landeshauptstadt im Gleichschritt präsentierten.

Über militant organisierte Brauchtumseuphorie inklusive aller damit unterstützten denkwürdigen Begleiterscheinungen, wird bis zum heutigen Tag in Salzburg die klimatische Reaktivierung des Wesens jener historischen Provinzialität als intellektuellenfeindliche emotionale Verbiesterung ins Werk zu setzen versucht.

Bezeichnenderweise unter tätiger Mitwirkung eines Großteils jener Loden-Sozialdemokratie, auf deren Vorläufer der nunmehr weitestgehend künstlich zu entfesseln getrachtete Dünkel in der Ersten Republik abgezielt hatte. All die trostlosen Figuren von Kultur(abbau)landesräten sozialdemokratischer Provenienz waren in Salzburg für die konservativen Volksdümmlichkeitsregisseure Voraussetzung im Betreiben dieser synthetischen emotionalen Provinzialisierung einer Bevölkerung, die jetzt in Almabtrieb, Heldenehrung mit Zapfenstreich, Schützenball, Bergmesse, Kleinkaliberschießen, Ranggeln oder Perchtenlauf die Befriedigung kultureller Bedürfnisse erfährt.

In einem dialektischen Glanzstück inszeniert jene politische Kraft im Land, die mit der Bittgangs-Ideologie nach Brüssel den Staat dem ungehinderten Zugriff internationaler Finanzmacht zu öffnen trachtet, gleichzeitig selbst die emotionale Gegenbewegung der Abschottung in einem absurden künstlichen Provinz-Denken. – Die für die Großindustrie erhofften wirtschaftlichen Vorteile sollen offenbar nicht mit dem Nachteil des Verschwindens duckmäuserischer Kleinkariertheit und Parteiergebenheit der Bevölkerung erkauft werden?

Erinnern wir uns: TAURISKA bot eine weitere Variante fassadenhafter Alpin-Show, die mit dem Fluidum erhaltener oder wiederentdeckter Ursprünglichkeit angereichert werden sollte – ein Lederhosen-Live-Erlebnis. Es wird mit diesem unerträglichen permanenten Bodenständigkeits- und Heimatgeraune, den bizarren Folklore-Kundgebungen vor dem Hintergrund einer High-Tech-Realität nicht nur die Entwirklichung des Kunst- und Kulturverständnisses einer ganzen Region in tristester Brauchtumssimulation zu betreiben versucht, sondern auch offen oder unterschwellig jene Scholle beschworen, die in Hinkunft ohnehin nur noch Teil des europäischen Grundstücksmarktes sein und den Gesetzen der Kaufkraft unterliegen wird. Was sich im normierten Sprachgebrauch der Trachten- und Lederhosen-Ayatollas von Heimat- und Brauchtumspflege heute noch so pathetisch „Vaterhaus" und ähnlich nennt, wird emotionslos auf die Größe einer Immobilie schrumpfen, wenn erst einmal die von der heimischen Politik als allheilbringend empfundenen Voraussetzungen für das internationale freie Spiel der Spekulation erbettelt sein werden.

Durch die momentan so massiven Bestrebungen, in Salzburg die kulturelle Identität der Landbevölkerung auf Maskerade aus dem Fundus des Trachtenmodenhandels zu reduzieren, die intellektuelle Analyse auszugrenzen und durch völkisch aufgeladene Dumpfheit zu ersetzen, entsteht jenes praktische Vakuum im Bewußtsein des anpassungswilligen Teiles der Gebirgsbevölkerung, das ihn tauglich machen wird für die zukünftige Rolle als unterbezahlte Liftbügelhalter, täppische Bedienungsautomaten in Lederhose und Dirndl bzw. weitestgehend sinnentleerte Landschaftspflege verrichtende Dekorations-Eingeborene im Status von Sozialhilfeempfängern.

Berauscht von der Überdosis falscher Gefühle, wird der Gebirgsbevölkerung momentan im Zuge von beispiellosen staatlichen de facto-Analphabetiesierungskampagnen des TAURISKA-Kultursommers bzw. vergleichbarer Intentionen des Landeskulturressorts – unter gleichzeitiger Beschwörung gegenteiliger Absichten – die Einstiegsdroge in hinkünftige Abhängigkeit verabreicht. Unfähig gemacht zu analytischem Denken, dessen planmäßige Denunzierung zugunsten einer widerspruchslosen Untertanenmentalität in den Armen staatlicher Brauchtums- und Heimatpflegefunktionäre Sicherheit vermitteln soll in besinnungsloser Hingabe an volkskulturelle Schau- und Scheinaktivitäten, wird den Menschen ein Fluchtweg aus der verwirrenden und beängstigenden Undurchschaubarkeit gegenwärtigen Lebens vorgegaukelt.

Im Moment wird politisch die für die Gebirgsregion drastischste Veränderung des Lebens vorbereitet – die planmäßige Zerstörung alpiner Landschaft und Landwirtschaft durch die Angliederung an die EG-Agrarindustrie. Parallel dazu wurde die Dosis scheinbar gegenläufiger kulturvermittelnder Begleitmusik erhöht – die zu Recht verunsicherten Menschen in dieser ständig komplexer werdenden Realität auf die synthetische Simplizität der permanenten Trachten-Bierzelt-Seligkeit eingeschworen – der Latz der Lederhose Marke „Wildbock" als jegliche Unbill abwehrender Schutzschild, der Vollrausch als probate Problemlösung, die Anbetungsstellung vor den Aposteln der Brauchtumspflege, die auf sämtliche Fragen der Gegenwart als Antwort eine verklärte Sicht der Vergangenheit bieten, als ergänzendes Narkotikum.

Während der Bevölkerung suggeriert wird, Selbstbewußtsein äußere sich durch stures Tragen von Lederhose und Dirndl, wird inmitten des hochtechnisierten Europa ein groteskes künstliches Entwicklungsland der Wahrnehmung zu schaffen versucht – freilich das ideale Reservoir für das Niedriglohn-Bedienungspersonal des Gastgewerbes (offenkundig für die Phantasie nur in der Befriedigung eigener Raffgier entwickelnden Polit-Repräsentanten die einzig vorstellbare Zukunftsperspektive für wesentliche Teile der Salzburger Landbevölkerung).

Atemberaubend, wie gleichzeitig rasant die ökonomische Internationalisierung und die kulturelle Abschottung in strategisch geplanter Entfesselung von Dünkel und vorurteilsbeladenen Denkmustern betrieben wird. In kaum überbietbarem Zynismus machen sich die Regierenden in Salzburg auch noch jene Verunsicherung der Bevölkerung zunutze, deren Ursache ihre eigene Politik ist!

Die alpine Trachten-Gemeinschaft erhält die Feindbilder frei Haus geliefert: Ausländer, welche die Kreditkarte als Eintrittsbillet sowie allzeit und allerorts gültigen Ausweis als hochwertiger touristischer Maximalkonsument nicht vorweisen können, ebenso wie die schändlichen inländischen Heimatabendverächter.

Der Traditionseinpeitscher und gewesene Agrar-Landesrat Bertl Göttl entlarvt in seiner regelmäßigen Zeitungskolumne – die er gewiß bei Kienspanbeleuchtung mit dem Griffel schreibt – vom städtischen Redaktionsschreibtisch aus endlich „Kälte und Schnee als erste Vorboten des Winters", schwadroniert vom „Arbeitskleid" und der „Festtracht" sowie vom „selbstverständlichen Tragen unserer Tracht" – und bietet diese Haltung als eine

Art Medizin „gerade in diesen Tagen der bewußten Hinwendung zu Europa" an – auf bewährte Weise kostümiert er auch seine Sprache und läßt sie, hohl und klapprig, im ‚Festkleid' vergangener Jahrhunderte aufmarschieren. Kein Zweifel: Alle Probleme lösen sich von selbst, wenn man nur eine Tracht im Schrank, besser, am Leib hat. Die Identität der Landbevölkerung wird einmal mehr auf die bereits angesprochene Maskerade aus dem Fundus des Trachtenmodenhandels reduziert. Göttl sei Dank, „schafft sich der brauchtumsgebundene Mensch gesellige Höhepunkte im Jahreslauf". Verloren alle, die sich vom Brauchtum (das heute in erster Linie von Brauchtumsfunktionären gebraucht wird) nicht binden lassen wollen.

Es versteht sich fast von selbst, daß Göttl, der Dauerabonnent auf alles, was er als Tradition empfindet, die Laudatio auf Adolf Dengg halten sollte, als die Marktgemeinde St. Johann auf die glorreiche Idee verfiel, dem ungeliebten „Bedenkjahr" 1988 schon zum Auftakt durch die Auszeichnung eines ehemaligen NS-Multifunktionärs zu begegnen. (Auch klar, daß der damalige Kritiker dieser ÖVP-SPÖ-Gemeinschaftsidee, Hans Witke, von seiner ÖVP längst wieder auf den Strich der Parteilinie geschickt wurde. Der durch die Verleihung an Dengg – laut Witke – entwertete Kulturpreis, von Witke einst selbst initiiert, wurde ihm nun selber verliehen – gerade, daß er ihn sich nicht auch selbst überreicht hat! – als Einstandsgeschenk anläßlich der Rückkehr in den Schoß der Partei, die schließlich in Salzburg mehr als anderswo als Postenvermittlungsinstitution wirkt und es Witke leicht machte, schlagartig sein Gedächtnis zu verlieren, was seine frühere Einschätzung von Personen und Vorgängen betrifft ...) – Auch er ist inzwischen also wieder im Selbstdarstellungswettlauf im Rennen – inhaltlich interessante Abende entwickeln sich zur Groteske, wenn sie, nach dem steif-verkrampften Zeremoniell von Ortsparteitagen inszeniert, mit nichts sagenden, aber gnadenlos Reden schwingenden Politikern übersäuert werden – als Besucher gilt es das Spalier gieriger Stimmenfänger zu überwinden, das peinliche gegenseitige Lobhudelgeschwätz zu ertragen, schließlich ist man ja nicht eingeladen worden, um etwa eine Lesung zu hören, sondern um dem Landtagspräsidenten zu applaudieren ... Der hat's schließlich auch nötig! Kulturprogramme als parteipolitische Mogelpackungen – der sich vor jeden Gedanken drängende Hintergedanke, die sich in alles einmischende, alles auf mehr oder minder plumpe Weise vereinnahmende – noch – dominierende Partei hat dafür gesorgt, daß parteipolitisch und inhaltlich autonome Kulturinitiativen mit kritischem Potential finanziell ausgezehrt und demoralisiert werden, während Kulturvereine, die auf denkbar unwürdigste Weise als de facto-Vorfeldorganisationen von Parteien fungieren, damit erst den Beweis ihrer Existenzberechtigung erbringen. Stereotype Behauptungen des Gegenteils ändern nichts an dem, was sich ständig beobachten läßt. Es sind ja auch kaum noch junge Menschen bereit, sich als Staffage und Zwangsministranten dieser Hochämter der Selbstbeweihräucherung herzugeben. Es scheint, als wolle man sie gar nicht dabeihaben. Ihre Zukunft ist schließlich vorgezeichnet: Der Mensch auf dem Land als gut erkennbarer Ganztagsstatist in Lederhose und Jopperl, der Nebenerwerbsdodel, der in seiner sympathischen Trottelhaftigkeit unterhaltsames Eingeborenen-Personal mit der Aura unberührter Beschränktheit abgibt, als lebender Jodel-Automat und dumpfer Biertippler und Schnapsnippler. Der Mensch als Unterhaltungsmittel, das attraktive Alpindodel-Model, angespornt von den Engstirnigkeitsparolen von Brauchtums- und Heimatpflegefunktionären, bewußtlos im Selbstaufgaberausch.

Alle Macht den Hofräten – Salzburgs Kulturbürokratiekultur

„... es ist das Wesen der Bürokratie, daß sie unmenschlich und kunstfeindlich ist."
(Hans Henny Jahnn)

Ist Kulturbürokratie in sich schon ein Widerspruch, so erweist sie sich in ihrer absolut tabuisierten Salzburger Variante hemmungsloser parteipolitischer Beschlagnahmung geradezu als Katastrophe. Im Bevormundungs- und Postenschacherautomatismus der Parteien gezüchtet, haben jahrelange gezielte parteistrategische Aktionen der vorgeblich der Kulturvermittlung dienenden Bürokratie Schritt für Schritt die Deckungsgleichheit der Funktionärs- bzw. Mitgliedernetze der politischen Parteien mit dem der Kulturveranstalter hergestellt.

Der starre, für den ländlichen Raum zuständige Bürokratenblock formte sich – mit ganz wenigen Ausnahmen – seine Außenstellen exakt nach seinem Wunsch- und Abbild z. B. auch über die Perfidie, unabhängig von Art, Ausmaß oder gar Sinnhaftigkeit der Tätigkeit, Parteifreunde – völlig zufällig, versteht sich – für ihre Vereinstätigkeit zu bezahlen (und diese Posten also in ihren Wohlverhaltensbelohnungs-Kataster einzutragen), während sich Parteiunabhängige der selbstausbeutenden Gratisarbeit zu erfreuen haben.

Schafft sich also nach der Logik der Eskalation des Stumpfsinns die parteiabhängige Kulturbürokratie konsequent devote Statthalter auf dem Land (welche mit Vorliebe die Weihestunden für ihre Parteikumpane aus der Stadt ausrichten), so verfügt sie offenkundig über Allmacht in ihrer deprimierenden Korrumpierungsstrategie und geistigen Selbstentblößungsanimation unter Einforderung ständiger unwürdigster parteipolitischer Unterwerfungsgesten, da die Zacken der Inkompetenz der Bürokratie nach Art eines Räderwerkes exakt in jene Hohlräume greifen, welche die politisch Verantwortlichen ihrerseits als Manko an Sachverstand aufzuweisen haben. Und in dieses Räderwerk gerät gnadenlos, wer oder was sich ihm als unabhängig zu widersetzen versucht.

Entsprechend Robert Musils Anmerkung von der „Kulturpolitikskultur" (des Österreichischen Ständestaates), ist im Salzburg von heute eine fatale ‚Kulturbürokratiekultur' auszumachen, zumindest was große Teile des ländlichen Raumes betrifft.

Kultur als Schloßgespenst
Schloß Goldegg, Kunstprodukt zentraler Partei-Bürokratie –
Ein Fallbeispiel

Nach dem Grundsatz: Jedem renovierten Schloß seinen (intellektuell) ruinösen Kulturverein, wurde Goldegg zum verhätschelten Stützpunkt von Parteien und der Bürokratie.

Wie mittlerweile so viele der ländlichen Kulturveranstalter, ist auch Schloß Goldegg über diverse Projekte kritiksicher eingebettet in mächtige regionale Medien, inklusive des sich daraus ergebenden und kräftig vermittelten Einschüchterungsappells. Die Auseinandersetzung mit Inhaltlichem erschöpft sich meist in annoncierenden Reflexen. Zumutungen der besonderen, Goldegger, Art, bleiben unbeachtet. Niemand stört sich daran, wenn im Lande Mozarts, in dem die Reproduktionscamarilla die zeitgenössischen Komponisten ohnehin längst zur bedeutungslosen Randerscheinung degradiert hat, in diesem von Bürokratie und Politik künstlich befruchteten ‚Zentrum' im Schutz von Unwissenheit und hanebüchener Borniertheit die zeitgenössische Musik attackiert wird, indem eine aus dreister Dummheit zusammengestoppelte Auslassung eines Vereinsmitglieds in den Rang eines programmatischen Vorworts erhoben wird. Dank mäßiger Beherrschung der deutschen Sprache scheitert der Schreiber zwar eindrucksvoll am alten Trick, tatsächliche fachliche Ahnungslosigkeit als das kokette Flunkern des in Wahrheit Wissenden auszugeben, entledigt sich aber dessen ungeachtet seines dumpfen Vorurteilsgebräus: „Nun ist ein ‚Zeitgenosse' an der Reihe. Wer genießt mehr an zeitgenössischer Musik? Der Komponist, die Interpreten oder die Zuhörer? Meint ein moderner Künstler denn ernstlich, die Menschen würden sich zu irgendeiner Zeit bessern, wenn man ihnen als Spiegel ihrer Verhaltensweisen ausgerechnet die häßlichsten Dissonanzen an das Ohr wirft?" – Um nur ja keinen Zweifel daran aufkommen zu lassen, welcher Geistlosigkeit sich dieses Rumoren verdankt, mit dem da herumgeworfen wird, erfolgt noch – wie so oft in diesem Land verquickt sich einmal mehr das Ressentiment mit den Ängsten um die Vergangenheitsbeschau – der gesonderte Hinweis darauf, was dieses Elaborat soll, nämlich „im Bedenkjahr 1988 auch alle Verantwortlichen dazu anregen, sich mit der Gegenwart und mit der Zukunft Österreichs als Musikland, als Kulturnation, ernsthaft zu beschäftigen." – Diese Umsetzung tristester Propaganda Marke Stammtisch – der Beitrag des ‚Kulturvereins' Goldegg zum Gedenkjahr, sieht man von der gerade 1988 unverzichtbaren Abhandlung des brennenden Themas „Das Heimatmuseum als volkskultureller Mittelpunkt einer Region – Wunsch und Realität" ab.

Während, wie gesagt, andernorts gratis gearbeitet werden darf, weiß man schon, weshalb man sich in Goldegg den Obmann fix anstellt, gilt es doch den direkten Durchgriff rabiater Bürgermeister und vergleichbarer Kunstexperten auf das Programm dieser ohnehin de facto längst zu Vorfeldorganisationen der politischen Parteien verkommenen Kulturvereine zu sichern. Bestätigt doch Goldegg die Geschichte der Kulturvermittlung auf dem Land als einzige Wiederholung: Anfang 1976 merkte ich in einer Glosse im Zusammenhang mit einer auf Bürgermeisterbefehl hin in Saalfelden als anstößig entfernten Plastik von Anton Thuswaldner u. a. an, daß die Gemeindeväter auf dem Land noch immer eher geneigt seien, statt deren Bilder die Künstler aufzuhängen. – Fast 15 Jahre später hängt man in Goldegg – noch immer nach diesem Schema Bilder ab. Jene von Andreas Uhl.

Und damit bin ich wieder bei TAURISKA und den dort bemerkbaren Anzeichen einer Besserung: Andreas Uhl, dessen Werke in Goldegg von kunstsachverständigen Parteifreunden kurzerhand entfernt wurden, arbeitete, immerhin, unzensuriert für eine TAURISKA-Ausstellung.

Das Schloß Goldegg erweist sich freilich als idealer Resonator für das schon angesprochene unerträgliche Bodenständigkeits- und Heimatgeraune.

Doch immer läßt sich Zeitgenössisches nicht umgehen – kommt etwa gar die Laienbühne aus dem Nachbarort mit einem Edward Bond-Stück, so fühlt sich der Kulturverein zu dem Kommentar bemüßigt: „Kritisch, ABER AUCH literarisch anspruchsvoll" sei das Stück. Treffender läßt sich in Salzburg gefördertes Unvermögen wirklich nicht charakterisieren. Noch dazu, wo der Titel dieses Programmheftes „Heimat ist nicht Enge, sondern Tiefe" (!) lautet und man schließlich auch erleben soll, wie tief die Enge ist, in die man fällt, wenn man sich den penetranten geschichtslosen Bodenständigkeitsbeschwörungen dieses Vereines ausliefert.

Doch dank der ungestört betriebenen Parteifreunderlwirtschaft des obersten Salzburger Kulturbürokraten führt der Weg zur Subvention ohnehin nicht über gute Vorsätze, sondern vielmehr über (meist weniger) gute Vorworte. Am besten gleich aus des begnadeten Hofrats eigener Feder, zumal es in der Tat unverantwortbar wäre, dem ahnungslosen Landvolk Tiefschürfendes von der Art vorzuenthalten: „Durch die schöne Volksmusik, das Volkslied und die Tänze wird die Sehnsucht nach der zum Teil vergangenen und zerstörten Schönheit unserer Heimat geweckt und sie können beitragen, die eigene Identität wiederzufinden." – Wirklich schön, die schöne Lederhose vom notorischen Vorsinger und (damals noch) Agrarlandesrat Bertl Göttl, den dieses „Symposion Folk und Volksmusik" (mit seinen Volksgemeinschaftsuntertönen) geweckt hat und die Bühne stürmen ließ, zufällig, versteht sich, wie die vom freudigen Ereignis eifrig verbreiteten Fotos eindrucksvoll belegen.

Für die vorurteils- und vorwortfreudigen Broschüren des Schlosses Goldegg hat also auch Kulturhofrat Krön flugs sein liberales mit einem Trachtenmäntelchen vertauscht, um sich dem unsäglichen Heimatgeraune anzuschließen, das aus dem renovierten Schloßgemäuer dringt, sobald sich der Esoterik-Nebel etwas lichtet und der Mystik-Kitsch ein wenig absetzt, denen dort – nicht von ungefähr – so gerne gehuldigt wird.

In Filzpatschen ins Abend-Land

Aber, wie gesagt, in Salzburg ist der Weg zur Subvention mit Vorworten gepflastert. Und so wird die kritiklose Ja-Sager-Kultur kleinkarierter Partei-

Biedermänner weiter tatkräftig dafür sorgen, daß die bedingungslose intellektuelle Kapitulation reibungslos über die ländlichen Kulturvereinsbühnen gehen kann. Nicht zuletzt, wo der schier undurchdringliche, demokratieparalysierende Filz aus vielfältiger Abhängigkeit und Kumpanei (in der Skandalrepublik Österreich von Packelei-Perfektionisten aller Lager längst landesweit als ‚Salzburger Klima‘ gerühmt) schon den Versuch eines unbestechlichen Blicks auf diese Mißstände, die er gleichermaßen hervorbringt, wie er sich ihnen verdankt, zu einer alpinen Sonderform des Harakiri hat werden lassen.

Mozart-Hias im Festzelt – was wir heute an programmierter Kulturbewußtlosigkeit im Salzburger Land vielfach bereits erleben, läßt uns dieser Vision von Karl-Moikscher Tragik näher scheinen, als wir uns vielleicht eingestehen wollen.

Die AutorInnen

HARALD GERLACH Geb. 1940 in Bunzlau. Schriftsteller. Lebt in Rudolstadt/Thüringen. Schriftsetzer, Bühnentechniker, Theatermeister in Erfurt. An den dortigen Städtischen Bühnen seit 1970 literarischer Mitarbeiter, seit 1984 freischaffend. Publikationen (Auswahl): *Das Graupenhaus* (1976); *Mauerstücke* (1979); *Gehversuche* (1985); *Jungfernhaut* (1987); *Abschied von Arkadien* (1988); *Wüstungen* (1989); *Folgen der Lust. Neue Spiele* (1990).

GERT KERSCHBAUMER Dr. phil., geb. 1945 am Semmering. Germanist und Historiker. Lebt in Salzburg. Publikationen über Literatur, Musik, bildende Kunst, Salzburger Festspiele, Mozart u. a., Auswahl: *Faszination Drittes Reich. Kunst und Alltag der Kulturmetropole Salzburg* (1988); *Begnadet für das Schöne. Der rotweißrote Kulturkampf gegen die Moderne* (gemeinsam mit Karl Müller, voraussichtlich 1992).

LUWIG LAHER Dr. phil., geb. 1955 in Linz. Studium der Germanistik und Anglistik. Lehrer. Schriftsteller. Lebt in Salzburg. Publikationen (Auswahl): *Nicht alles fließt* (1984); *Always beautiful. Grenada. Vorstellung eines Landes im Hinterhof der USA* (1989). Lyrik, Prosa, Dramolette, Essays, Hörbilder, Drehbücher, Übersetzungen, Bearbeitungen, wissenschaftliche und journalistische Arbeiten.

BERND LEISTNER Dr. phil., geb. 1939 in Eibenstock/Erzgebirge. Literaturwissenschaftler und Essayist. Lebt in Leipzig. 1976-1988 wissenschaftlicher Mitarbeiter an den Nationalen Forschungs- und Gedenkstätten der klassischen deutschen Literatur in Weimar; 1978-1987 stellvertretender Direktor des zugehörigen Instituts für klassische deutsche Literatur. Veröffentlichungen zur klassischen deutschen Literatur, zur deutschen Literatur des 19. Jahrhunderts sowie zur Gegenwartsliteratur (vor allem der

DDR). Publikationen (Auswahl): *Unruhe um einen Klassiker* (1978); *Johannes Bobrowski. Studien und Interpretationen* (1981); *Spielraum des Poetischen* (1985); *Sixtus Beckmesser. Essays zur deutschen Literatur* (1989).

KARL MÜLLER Dr. phil., geb. 1950 in Puch b. Hallein. Univ. Doz. am Institut für Germanistik. Lebt in Oberalm. Publikationen zur österreichischen Literatur um 1900 (Dekadenz) und des 20. Jahrhunderts (Hofmannsthal, Horváth etc.), zur Geschichte der Literaturwissenschaft und zur Literaturpolitik, (Auswahl): *Zäsuren ohne Folgen. Das lange Leben der literarischen Antimoderne Österreichs seit den 30er Jahren* (1990); *Begnadet für das Schöne. Der rotweißrote Kulturkampf gegen die Moderne* (gemeinsam mit Gert Kerschbaumer, voraussichtlich 1992).

KONRAD PAUL Geb. 1941. Von 1965 an Lektor, später Lektoratsleiter im Aufbau-Verlag Weimar für Deutsches Erbe und Antike. Lebt in Weimar. Studium der Germanistik und Geschichte in Jena. Publikationen als Herausgeber (Auswahl): *Johanna Schopenhauer: Reise nach London* (1973); *Deutschsprachige Erzählungen 1900-1945* (gemeinsam mit Wulf Kirsten, 1985); *Hermann v. Pückler-Muskau: Briefe eines Verstorbenen* (Nachwort; 1987).

BRIGITTE STRUZYK Geb. 1946 in Steinbach-Hallenberg/Thüringen. Autorin. Lebt in Berlin. Kindheit und Jugend in Weimar. Studium der Theaterwissenschaften in Leipzig. Dramaturgin, Regieassistentin, Verlagslektorin. Seit 1982 freischaffende Autorin, Herausgeberin und Nachdichterin. 1990 Mitarbeiterin von Bündnis 90. Publikationen (Auswahl): *Poesiealbum 134* (1978); *Leben auf der Kippe* (1984); *Caroline unterm Freiheitsbaum. Ansichtsachen* (1988); *Der wild gewordene Tag* (1989); *Das Erröten nach dem Fall* (in Vorbereitung).

O. P. ZIER Geb. 1954 in Lend/Pinzgau. Schriftsteller. Lebt in St. Johann/Pg. Seit 1979 freischaffend. Lyrik, Prosa, Essays (u. a. zu K. H. Waggerl), Hörspiele, Features, Spiel- und Dokumentarfilme. Publikationen (Auswahl): *Traumlos* (1977); *Menschen am Land* (Photographiert von Fritz Macho in den 30er Jahren) (1981); *Der rettende Sprung auf das sinkende Schiff* (1988).

Maureen T. Reddy

Detektivinnen

Frauen im modernen Kriminalroman

„Ein Muß-Buch sowohl für Männer als auch für Frauen, die wirklich gute Kriminalliteratur schätzen. ‚Sisters in Crime' [‚Detektivinnen'] bringt einen frischen Wind, weil es um Frauen geht, die ausdrucksvolle Kriminalliteratur schreiben, in der feministische Polizistinnen, Privatdetektivinnen und lesbische Detektivinnen die Hauptrolle spielen. Dies verleiht dem herkömmlichen Kriminalroman neuen Schwung."
Lucy Freeman, Ex-Präsidentin der „Mystery Writers of America"

Maureen T. Reddy unternimmt eine umfassende Analyse des Phänomens „Frauenkrimi". Sie entdeckt ein Kontinuum der weiblichen Kriminalliteratur, das sich seit seiner Entwicklung aus der „gothic novel" recht selten mit dem der männlichen überschneidet. In Themenstellung, Erzählweise und Sprache vermitteln die untersuchten Kriminalromane feministisches Denken. Anhand der Theorieansätze von Chodorow, Gilligan, Showalter und Rich argumentiert Maureen T. Reddy die fundamentale Subversivität dieser Literaturgattung. Die neugierigen alten Damen und die jungen professionellen Privatdetektivinnen, die lesbischen Polizistinnen und die hochgebildeten Freizeitdetektivinnen, die unerschrockenen Szenefrauen, Journalistinnen und Anwältinnen haben hier ihre kenntnisreiche Chronistin gefunden.

Maureen T. Reddy, Detektivinnen
168 Seiten, DM 24,–/ÖS 168,–, ISBN 3-900782-03-2

„Die Detektivinnen der feministischen Krimis haben begonnen, die Welt zu enträtseln und weiblich zu interpretieren." An.schläge, Feministisches Magazin für Politik, Arbeit und Kultur

In Vorbereitung

Ludwig Laher
Only knive know yam heart
Das Streben nach kultureller Identität als Konstituens
grenadischer Gegenwartsliteratur

ca. 144 Seiten, ca. DM 24,–/ca. ÖS 168,–
ISBN 3-900782-15-6
Erscheint voraussichtlich im Herbst 1993.

Barbara Schöllenberger
Ein Bär, der seiner Zeit voraus war
Wien und die Welt bei John Irving oder zum Bild vom anderen Land als
Thema in der Literatur

ca. 160 Seiten, ca. DM 26,–/ca. ÖS 182,–
ISBN 3-900782-14-8
Erscheint voraussichtlich im Frühjahr 1993.

f.

Ruth Aspöck
Emma oder die Mühen der Architektur
Die Geschichte einer Frau aus Wien oder
Wer hat Angst vorm Schwarzen Mann?
Mit zwei Graphiken von René de la Nuëz

144 Seiten, DM 19,80/ÖS 138,– ISBN 3-900782-00-8

Noam Chomsky
Vom politischen Gebrauch der Waffen
Zur politischen Kultur der USA und den Perspektiven des Friedens
Mit einem aktuellen Nachwort des Autors
und Zeichnungen von Thomas Fritsch

334 Seiten, DM 38,–/ÖS 266,– ISBN 3-900782-01-6

Leben mit provisorischer Genehmigung
Leben, Werk und Exil von Eugenie Schwarzwald (1872-1940)
384 Seiten, mit zahlreichen Abbildungen und Faksimiles

DM 42,–/ÖS 294,– ISBN 3-900782-02-4

Wolfgang Iser
Campari Orange
Eine Kriminalgeschichte aus der Josefstadt
Mit Fotographien von Dieter Grentner und Felix Lux

112 Seiten, DM 18,–/ÖS 126,– ISBN 3-900782-05-9

Ludwig Laher
Always beautiful
Grenada. Vorstellung eines Landes im Hinterhof der USA
Mit zahlreichen Farbphotos und Texten von Merle Collins, Jacob Ross u. a.

94 Seiten, DM 22,–/ÖS 154,– ISBN 3-900782-06-7

Don Webb
Märchenland ist abgebrannt
Profane Mythen aus Milwaukee

148 Seiten, DM 18,–/ÖS 126,– ISBN 3-900782-07-5